SANGRE QUE LAVA

Edición exclusiva impresa bajo demanda por CreateSpace, Charleston SC.

.CERO

EDICIONES PUNTOCERO
e-mail: contacto@edicionespuntocero.com
Twitter: @ed_puntocero
www.edicionespuntocero.com

ISBN: 978-980-7312-39-4

Diseño de colección
Ediciones Puntocero

Diagramación
Rocío Jaimes

Fotografía de portada
Beto Gutiérrez

Fotografía del autor
Alejandro Cremades

Corrección
Sol Miguez Bellan

Printed by CreateSpace, An Amazon.com Company

SANGRE QUE LAVA

Manuel Gerardo Sánchez

LA QUE SALPICA DE AYER

EN VILLA LEONCIA[1]

PARA ELISA

En el marco de una de esas comidas de prosapia, dejarse llevar por tentaciones del momento e insistir en la repetición de un manjar es un acto que casi linda con lo obsceno, con una intimidad inoportuna.

ELISA LERNER, *DE MUERTE LENTA*

EL CHILLIDO PERSISTENTE del teléfono despertó a Ignacio de su amodorramiento sabatino. Era Francisco, que insistía con un sofisma machacón para convencerlo de asistir a la fiesta que esa noche desquijararía, según él, a *le tout* Caracas. «He organizado la recepción más divina del año. No puedes perdértela. La crema y nata de la ciudad hará alarde de sus viejas galas. Por favor, anímate. Serviré un Beluga estupendo». Antes de colgar la comunicación, Francisco, conocido en los bajos fondos como «La Chichona», por las dos extrañas protuberancias que deforman su frente, sorbió sus gemidos después de barbullar «Beluga». Ignacio no pudo sino imaginárselo sacando la lengua que, como culebra de agua,

---

1   «En Villa Leoncia» recibió una mención honorífica en la IX edición del Premio de Cuento Policlínica Metropolitana para Jóvenes Autores (2015), otorgada por el jurado que integraron Sonia Chocrón, Antonio López Ortega y Roberto Martínez Bachrich.

tantas veces había visto enroscarse en los asiduos criminales que sodomizaban su prontuario en bares de mala muerte de la avenida Solano.

Un escalofrío de repulsión lo trepidó, pero la fotografía lo pellizcó lo suficiente como para animarse y embutirse en su esmoquin a la medida. Giuseppe Capielli le había entregado hacía una semana el traje. Su sastre de confianza había desfogado su ingenio y pericia de aguja para confeccionarle un modelo digno de alfombra roja. La solapa, las mangas, las hombreras y falsos eran de una delicada precisión. Por más que hurgaba no entendía por qué no se había encimado comó un modisto famoso sino para un grupo de señores de fermentada prosapia. Sin embargo, en el club, los caballeros elegantes, esos que estrechan sus manos acentuando los apellidos de raigambre en el valle, alababan los géneros y creaciones del costurero. Era, como muchos otros, símbolo de estatus.

Antes de salir, para mitigar las náuseas que lo apocaban desde la mañana, empinó medio vaso de escocés de malta junto a dos pastillas para el estómago. A las nueve en punto ya estaba en su carro vía al ágape de «La Chichona», cuyo apodo para el festín se proscribiría por los brindis de champaña. Ella, la que en los tugurios de la Solano no solo se quebraba maricona sino que también refrescaba el gaznate con semen y otros tragos ordinarios, se presentaría y apretaría bien los puños para no dejar caer una afectación de más o una «gracia», eufemismo que usaba su madre para zanjar el amaneramiento de su retoño cuarentón. En su recepción sería Francisco José Inciarte Iturriaga. Sus dos nombres y apellidos de íes castellanas sin moriscos serían pretextos o acicates perfectos para edulcorar esos encontronazos en donde los oficios y profesiones se desuellan, el talento se degüella y la belleza –¡ay, la belleza!– se tira en la umbría de un hueco frío de poca estima. Es que en esos festejos solo se le da bienvenida a la adulación por genes. Aquella que, en escarpada, desprecia el esfuerzo de inteligencia y enjundia. Esa que se enquista en el provincianismo de eras sin progreso. Como en el siglo XVIII, centuria de cacaos y limpieza de saliva parda e india, estos juerguistas tejen apócrifas cadenas de ADN y consanguinidades imaginarias. Todos son primos y los que no, cuando menos, lo inventan. Y luego una fila cansina y lastimera de «yo soy y tú eres», «¿en cuál colegio estudiaste?» y, por supuesto, «¿Machado de dónde, de Valencia o de Barquisimeto?».

La entrada de Villa Leoncia, casa de los Inciarte, punto de encuentro, o más bien de partida de cuanto sucedería, fulgía con un *chandelier* cuyas cuentas de Baccarat lloraban haces de luces de distintos colores. Una orgía de morados, azules y amarillos que se homologaba con la sobriedad del cielo negro y luego se divorciaba. Ignacio, con cierta acritud, se agazapó debajo de un árbol a pocos metros de la puerta principal. Unas amarras sujetadas al piso, invisibles, no lo dejaban componer su desfile retador. Prefirió ver cómo las señoras y los ruedos de sus vestidos largos pulían las losas. Hasta no dejarlas brillantes él no debutaría. Cuando hubieron pasado unos minutos, espoleó sus ánimos. Lo recibió una suerte de maestro de ceremonia que extendía flautas de *champagne rosé*. Tomó una y se zarandeó por entre los corredores.

En cada esquina descorría destellos, riqueza y munificencia: pequeñas arañas de hierro forradas de rosas y azaleas que exornaban techos; jarrones de diversas nacionalidades sembrados por doquier, de cuyas bocas florecían cientos, miles de hortensias y lirios; bandejas con *foie* y trufas; escudillas con bombones y macarrones; servilletas de lino y finos lienzos; plata y cristal y más plata y más cristal. Aun cuando los Inciarte botaban la casa por la ventana, cada uno de esos lujosos adornos, cada una de esas prescindibles fruslerías soplaba una vaharada putrefacta.

Era el mal aliento de la hipocresía y de las poses de rancia coloratura, de la insidia que imprime una dolencia.

La contemplación de Ignacio se quebró cuando se topó con Marina, a quien en su mocedad consideraba rival. Ella domeñaba las galanterías de sus amigos cuando cursaba el quinto de secundaria. Alta, de pelo castaño claro, largo como un manto derramado, ojos verdes chibchas y una nariz aguileña que picoteaba su ascendencia turca, no podía entender cómo una muchacha tan insípida y sin más ambición que desposarse para parir y criar a su prole con los resquemores por la teología de la liberación podía ser acreedora de los mejores partidos de su generación.

–Hola, querido. ¡Qué bueno verte! Al fin saliste de tu claustro. Sé de ti a través de Francisco y siempre me dice lo mismo: «Está escribiendo» –dijo acariciándose uno de los zarcillos largos que la pretendían.

–Estoy tratando de terminar un poemario. Tengo un año atrasado con la editorial y me lo está pidiendo –pretextó. Mas se dio cuenta de que no lo había escuchado. Ella engarzaba su visión y cuidado en una toga color verde agua.

–Es la segunda o tercera vez que le veo ese trapo a la señora Zubillaga. Debería botarlo.

Cualquiera creería que no tiene otro. ¿Cuándo crees que termines? Por cierto, mi hijo se gradúa en dos semanas y me gustaría... —no pudo continuar su mezquindad porque su esposo, de quien Ignacio quiso esconderse por un recuerdo desnudo que le pesaba, la tomó por el brazo para arrastrarla hasta una dama que espigaba bonitas maneras.

A la zaga de la escena, Ignacio se arrinconó para hocicar a los protagonistas y oír la enjutez de la conversa. «¿Te acuerdas de Patricia? Es la nueva abogada del escritorio», inquirió el consorte. Marina vaciló: «Mucho gusto». La joven, con un amago de altanería y con una risita que mordía para no hacerla hilaridad, respondió: «Nos han presentado cuatro veces. ¿Cómo estás?». Ese último verbo conjugado en segunda persona del singular, que abjuraba de la distancia del postín, que obligaba a la proximidad, que bufó en los tímpanos de Marina, como una estocada de un hábil esgrimista, la desarmó. Florete al piso. Ignacio se escabulló entre los demás invitados. No quiso ser testigo de la contestación porque sabía que la indiferencia y los aires de superioridad de Marina trasudaban su inseguridad. La mostraban como era: una mujer opacada desde el momento que se casó con Juan, su marido, quien se guindaba, como charreteras de oro al hombro, las miradas y suspiros de propios y extraños.

Desde unas escaleras, en el punto más occidental del salón, oteó a «La Chichona». Batía las muñecas, pestañeaba con furor, se pasaba con ademán obsceno un pequeño mechón cano por detrás de la oreja derecha. Cuando la saludaba algún distinguido señor –los que inveteran su distinción en efluvios de *Eau d'Orange*–, impostaba su bonhomía de conservador. Con un «hola» seco, sin blandenguerías ni cariñitos, la emboscó. «Te dije que vendría toda la alta. ¿Qué te parece? ¿Te estás divirtiendo?», soltó la anfitriona. La sabía esclava de los halagos. Quien esperaba una ristra de zalamerías y piropos para sentirse elevada recibió, en cambio, un golpe de zascandil: «No te toques tanto el pelo. Te ves horrible. Ya vuelvo, voy a secarme el sudor», empuñó y saltó a largas zancadas. A «La Chichona», que nerviosa se arreglaba por la presencia de un hombre que la hacía rabiar de ganas y pecado, no le dio chance de reaccionar siquiera a la antipatía. Además, alguien le había tocado el hombro para reverenciarla.

Antes de entrar al baño, Ignacio libó de sopetón la quinta o sexta copa. Adentro estaba Juan, el esposo de Marina, de quien se hubo escondido para no despertar aún más la memoria.

Lo había reconocido incluso de espaldas. A la vera de sus cincuenta años, aún conservaba porte de arquero de fútbol. En la adolescencia habían estudiado juntos en un colegio de sacerdotes jesuitas. El primero siempre había admirado en silencio al segundo por su destreza en los deportes, lo mismo que por el desenfadado Casanova que hacía corcovear el ímpetu de hembritas en celo. Ignacio, por el contrario, era tímido o más bien prudente, por no decir reprimido. Frígido. A duras penas daba una carrera en un campo de trote y nunca se atrevía a arropar en un abrazo al objeto del deseo. Siempre bien peinado de lado y sin máculas en su camisa, se paró al frente del lavamanos y saludó a su antiguo ídolo, quien reaccionó:

–¿Qué pasó, Nacho? ¿Cómo van los negocios?

Ese «¿qué pasó?» marinaba un dejo de galán pasado de moda. Traslucía a un viejo que rehusaba el tiempo, que emulaba a los jóvenes de hoy para no rezagarse en la cola de lo posmoderno. Además, había olvidado que lo llamaban «Nacho» en las aulas católicas.

–Bien. Aunque sabes que no me ocupo de la fábrica de mi papá. De ella se encargan mis hermanos mayores. Yo sigo con la escritura... –no había terminado de diseñar la frase cuando su interlocutor se volvió a su izquierda para quedar cara a cara con él. En tanto asentía y chasqueaba ininteligibles sonidos, del cierre brotaba una larga y rosada tripa que sacudía y finalizaba en abierto capuchón. El zangoloteo o trance de la muñeca hacía salpicar gotas de orina que, vistas desde un plano cenital, se asemejaban a rocío fresco de domingo.

—Voy a fumar un cigarro —dijo luego de guardar el capullo en su cofre de algodón y continuó—: Te espero en el jardín. Es hora de ponernos al día con nuestras vidas.

Lanzó el anzuelo con pericia de proxeneta y después le dio una nalgada. Aunque el exhorto y también mandato le lamía el ego y la lujuria, Ignacio arredró sus ganas de deshollinar la estufa de un amor cenizo. Al fin Juan, su excompañero de pupitre y cuadernos, el otrora mocito que lo hacía transpirar, por el que tantas veces lloró a hurtadillas, por el que se masturbó mientras soñaba que su sudor de futbolista le regaba la cara, lo había invitado a aspirar más que nicotina y alquitrán. No obstante, lo rechazaría so pena de caer en trampas del pasado. En esos retruécanos y juegos que la mente falsea. ¿Por qué treinta años después su novio de ensueño, con machita impudicia, lo cortejaba como a una de esas carajitas del bachillerato, incluida Marina? Se sentía tan dichoso como confundido. Pero ya era tarde. Para él siempre era tarde. Tarde los amores de locura y abismo, tarde las crispaciones del sexo que desflora ilusiones, tarde el tacto de las sabias palabras de poetas, tarde el orgasmo que asfixia.

Afuera de los servicios, la bulla y la trapatiesta se atizaban. Como en una bacanal, unos se hartaban y otros se emborrachaban. Un tren de mesoneros serpenteaba entre la embriaguez de la concurrencia de rijosas expresiones para satisfacer aún más su sed y hambre. La gula y la avaricia imperaban sin dobleces y, en ocasiones, impelían demonios voladores. E Ignacio de fuente y sobriedad. En tanto se deslizaba entre lo real y lo absurdo, entre lo coherente y lo estólido, paraba la oreja para captar las conversaciones paganas; los chismes y corrillos y las mofas palaciegas de una sociedad que se hundía en sus podredumbres de clase privilegiada: «Que si fulanejo robó a zutanejo; que si una Conti le quitó un novio a una Volante; que las acciones de tal o cual empresa no valen la pena; que los aviones particulares de los bolichicos deberían colisionar –con ellos adentro– en sus islas privadas; que la maldición de la izquierda; que el comunismo es una mierda; que los gazapos se limpian con dinero; que los negros en sus barrios, mejor si se forjan rejas; y los «niches», siempre los «niches», con sus emplastos de clase media». Y un largo etcétera.

Al frente de la tarima de la orquesta, también epicentro de este espectáculo chimbo en castellano criollo, como oculta por los músicos, cuyos violines cantaban las livianas notas de «*Garde-moi la dernière danse*» de Dalida, Ignacio encontró a Elisa. Allí estaba, en su trashumancia, en su vagabundeo, en sus erráticos andares de detective salvaje. Con los ojos como plumas y sus manos como pergaminos, registraba, colegía, distinguía, examinaba su entorno –que la espanta y no huye–. Ella con su melena negra y con ese acento de judía asquenazí que remarca las eses. Observaba y mientras más escrutaba, tanto más se obligaba a guardarlo. Había asistido al convite de «La Chichona» porque buscaba a un médico que había sido ministro de Rómulo Gallegos. Escribía un libro acerca del expresidente que una dictadura derrocó. Porque las dictaduras todo lo tumban: desde dioses hasta frutos verdes.

Se acercó a besarla.

–Qué bueno verte aquí. ¿Cómo estás?

–Algo aturdida. Vine sola. No conozco sino a un par, incluyéndote. Estaba a punto de irme. ¿Y tú?

—Me divierto en este circo.

Ambos carcajearon a mandíbula batiente. No tenían que explicarse nada. Los cuentos sin sentido, las pretensiones que los minaban, los ritos suntuosos que los aburrían y la crueldad que se erizaba, sin embargo, los arrestaban con los grilletes de la curiosidad. Pese a que Elisa le contaba cómo una cuarentona divorciada eructaba su odio a un grupete de doñas que la escarnecía por traicionar las privaciones y fingimientos del Opus Dei, Ignacio observó que «La Chichona», con su iPhone al oído, se estremecía gallipava. Miraba a un lado y otro como buscando un efugio o escondite por donde escapar de tantas atenciones. Alguien, desde la incorporeidad del sonido que salía del teléfono, la reclamaba. Volvió a su colega, pero ella había detectado entre decenas de ojos el par que la trajo hasta allí. Al fin había conseguido a José «Pancho» Marquina, antiguo asesor de Rómulo. Se despidieron. Ignacio la vio perderse entre las estolas de raso y los corbatines de seda.

La actitud escurridiza y verrionda de Francisco y los bríos periodísticos de su amiga encendieron su coraje para desafiar su libídine y a Juan en los jardines. En el camino halló a Marina, que levantaba su cuello como obelisco en expectación. Por su expresión y desconcierto era fácil inferir que algo la mantenía en vilo. Siempre había desconfiado de Juan y de sus gruesas dotaciones. Le provocaban furiosos celos de Trastámara. La ignoró. Su nariz de tucán nunca le había parecido tan odiosa.

Al final del patio, atisbó a su amado frente a un gazebo de madera. No lo veía porque le daba la espalda. La zona estaba oscura, poblada de cientos de matas tropicales, inhóspita como la selva amazónica después de un aguacero mitológico. Con cada paso descubrió no uno sino dos pares de zapatos de cuero negro. Había alguien acuclillado que daba a la altura de su cintura. En la medida que se acercaba, más y más extraño le parecía el vaivén de los movimientos. Era «La Chichona» que hundía su repugnante lengua bífida dentro del pantalón de Juan, que golpeaba en subibaja sus horrendas protuberancias en esa ingle aún firme y fibrosa de deportista. Ignacio gritó su nombre, a manera de reprimenda y también asco. Volteó de un tirón. Cuando quiso seguirlo, aún con el pene humedecido flotando en el aire, tropezó con uno de los pies de Francisco. Cayó al piso no sin antes chocar la cabeza con una inoportuna piedra que, como un objeto de utilería de teatro barato, abría la zanja por la que saldría el río de sangre donde navegaría la muerte o Carón.

Ignacio, acostumbrado a las tardanzas del amor, harto de su manía de ser siempre el último de la fila, le dio la espalda a la escena. Caminó con prisa sin hacer escándalos o aspavientos de fuga. Marina lo interceptó para preguntar si había visto a su cónyuge. La ignoró por segunda vez. Debajo del *chandelier*, imbuida en una impasibilidad oriental, estaba parada Elisa al acecho de una cola de salida. A pesar de que memorizaba cada una de las palabras de su ansiado hallazgo, no tenía la historia para el libro. Como no pudo guardar silencio, le contó someramente lo que había dejado atrás. Ella, entrompando lo indefectible, lo innegable, regresó a la fiesta devenida obituario, que sería reseñada en los diarios no por los cronistas sociales sino por los periodistas de sucesos.

Unos meses después, Elisa publicaba su segunda novela; nada tenía que ver con Gallegos ni ministros. Se titulaba *En Villa Leoncia*.

DANZA DE ESPADAS
UN HOMENAJE A JORGE LUIS

A YOYIANA AHUMADA

En la calle, la buena gente derrocha
sus guarangos decires más lisonjeros,
porque al compás de un tango, que es «La Morocha»,
lucen ágiles cortes dos orilleros.
EVARISTO CARRIEGO, *MISAS HEREJES*

Patricio, tambaleando en sus extravíos, estudiaba a los bailadores en lejana hosquedad. Pidió una cerveza al mozo que pulía con un paño de algodón sucio la barra del boliche La Viruta en la meretricia calle Junín. Tomó una jarra y, con sus ojos achinados de verde surero extendido, arreó la birra hasta la espuma legal. La deslizó por la madera bruñida. El vidrio, empañado por el frío del líquido áureo, como un efecto de lupa, aumentaba el hilo de gas que enhebraba las burbujas. El *pétillant* que reverberaría en embriaguez. Mientras «El Pato» –como lo mentaban los muchachones de su pueblo en Santa Rosa– daba unos largos sorbos con desgano, la pareja, que urdía los garrapiñados meneos del ya clásico tango «La Morocha», parecía haberse olvidado de su derredor. Una guerra de género había conflagrado este baile que empezaba a reclutar adeptos y marginados en los lupanares de Palermo y Retiro en el Buenos Aires de 1912. El hombre, con sus calzas lisas de torero, tirantes negros y camisa blanca a medio planchar, exudaba su cólera por dominio. Conducía a la mujer que, aunque reacia, se dejaba someter, como yegua zaina en corral, por su jinete. Bajaba hasta la cintura viril que su domador proyectaba en tanto alargaba la pierna izquierda y la derecha mantenía en recogida sumisión. No apoyaba la rodilla como para envanecerse de su complexión acerina de guerrera. Subió hasta encontrar el rostro de su acompañante para ovillar una pirueta lujuriosa. Ella, Aurora, a despecho del cariz obsceno que las más mojigatas le endilgaban a su avilantez en los salones donde tronaba el tango en contubernio lúbrico, era de las poquísimas minas en ensayar contoneos de pelanduscas.

Patricio no solo se memorizaba los cortes, el ocho incluido, sino que también se aclimataba a los goces y desvergüenzas porteños. Recién había llegado de La Pampa argentina luego de largos meses de zanganear por los llanos de pasto vacuno y hoz. Sin rumbo y más hogar que los pasos sobre el polvo de villas sin nombre, el merodeo en los desiertos de las geografías de su corazón estéril no solo traslucía su espíritu de ganadero cautivo sino también el ditirambo de su vida: la huida del destino fugitivo que anudaba con el lazo firme de su soga. Se metió la mano derecha en el bolsillo para confirmar una vez más lo consabido: solo tenía tres pesitos luego de la venta de su rocín Moro. En la capital, conjeturó, no necesitaría de herraduras ni horcajadas inciertas sino de un laburo en uno de esos nuevos comercios de italianos o españoles de islas.

Con los soplidos de los instrumentos –guitarra, violín, piano y bandoneón– que festoneaban el verso final de la canción, «Soy la gentil compañera / del noble gaucho porteño / la que conserva el cariño / para su dueño», Patricio se desembarazó de sus flojeras de rechazado pastoril. Abandonó su trago y con un borbollón aún en el mostacho pubescente –pese a sus 25 años había en su semblante algo de adolescente pajero que, sin embargo, de un zarpazo, empuñaba crueldad y candidez– se acercó a Aurora, quien plisaba su falda a media pierna luego de la pirueta de pétalo rizado en abril que puso coto a su floreo.

–Enséñame a bailar –la conminó.

Agachada, con el culo como aguijón al techo, sin siquiera subir la mirada, que atusaba en el largo de los pliegos de la tela roja, pretirió la petición:

—La música. La sentís o no la sentís. Además, sos macho. Enseñame vos.

Se incorporó con la liviandad del vapor. Su figura redonda como la de una fruta madura. Turgencia en las caderas lo mismo que volumen impúdico en las piernas. Tobillos y pantorrillas gruesos de tanto taconear los conventillos y recodos de La Recoleta —lugar donde se arregostaban sus clientes con los manoseos alquilados de prostitutas devaluadas—. Aurora, aun cuando nunca había ido a las óperas de Corrientes o del Teatro Colón, se sabía la protagonista de este arrabal. Cocinilla de voluptuosidades por su muy manido y sobado trasero. Por su cuerpo habían pasado decenas o cientos de parroquianos que supuraban su rencor de obrero; los mismos que llenaron de mocos, por furiosas embestidas, su jícara de sueños y promesas no cumplidas. Después de escrutarlo, supo que venía del campo por ese rictus de destierro y soledad, amén de las fachas rucias que se ruñían aun sin el movimiento de la cabalgadura. Lo invitó a pasar junto a ella lo que quedaba de oscuridad. Él aceptó sin gazmiar —el mes lo había roncado, con la cautela como almohada, entre las losas de Palermo y catres de bajo arriendo.

Fueron a una de esas casas de madera y cinc que, emplazadas en la periferia de la Plaza Mayor, se manchaban con los crímenes de pendencieros y ladinos. Se fijó que, por las exhalaciones amarradas, el frote trémulo y la obcecación a la rapidez, el gaucho era primerizo en lechos amatorios. Aun así, hicieron el amor por casi una hora.

«El Pato» esperó a que su hospitalaria anfitriona se cobijara rendida en sus resuellos. Hurgó en unas gavetas áridas y después en unos estantes cerca de la pieza astillada del lavamanos en los que consiguió un par de zarcillos de oro blanco con sendas perlas negras. El hallazgo entre tanta miseria pululante lo envalentonó. Había descubierto el botín que lo subvendría hasta obtener trabajo. Lo robó y salió en sordos atajos. Afuera, un gato negro custodiaba el cielo que se chorreaba en la displicencia de una acequia fría. Más pronto que tarde se dio cuenta de que estaba en la calle Chile.

A pocos metros de su puesto, un corro de locales se desgañitaba en galimatías de lunfardo. Se apuró hasta vislumbrar el motivo: en el centro del alborozo dos compadritos imbricaban un tango que rehusaba la pudicia. Cojonudos y vigorosos, como en marimorena, los bailadores se disputaban mucho más que su hombría.

Los pantalones de patrón francés con trencillas, que ambos llevaban, moldeaban nalgas apolíneas. Patricio nunca había visto a dos ordinarios bailar. Una rabia inusitada lo escaló desde su interior hasta insuflarle ganas de manoplas y puños. No supo si partirles las caras o correr de bochorno. Se contuvo porque era el único extranjero entre quince propios. No podía, sin embargo, ocultar su interés de seguir los botines negros de taco alto que acariciaban las baldosas. Hasta que, como por una bomba de aire que remueve pavesas de muertos, uno de ellos, galán de quijada cuadrada, pectorales desnudos y abundante pelo negro peinado hacia atrás, levantó la pierna derecha como si fuera la cola de una gata en celo que se crispa o lanza un ramalazo. El brinco de talón hendió su concentración. Ya despierto de su asombro provinciano, retomó sin vacilaciones ni bizqueos su escapatoria.

Una esquina más adelante sintió el golpe de espalda que cambió el itinerario de su nomadismo. Era el compadrito de las felinas maneras, pero ahora con una camisa azul que le velaba su torso de díscolo y con un chambergo negro requintado de copa altísima que tocaba su cabellera azabache. Sus ojos, como los de zahorí en trance de presagios, parecían dos guijarros de La

Plata. Lo intimidaron y bajó su vista a guisa de vencido. Le preguntó entre dientes qué quería.

–Conque nos estabas vichando. ¿Acaso no habías visto a dos canflinferos bailar? Me llamo «Rodo». ¿Qué hacés por acá? –gorgoteó en su jerga gremial de delincuente rioplatense.

Patricio, por ese «canflinferos», infirió la ralea de su inesperado y no muy bienvenido interlocutor: lenguaje de barrotes y *canne*. Un relámpago de negación zigzagueó como pensamiento. Lo miró, sí, de soslayo desde un principio, pero cejó en un ataque de bravura –que desplumaba su timidez y complejos– y soltó:

–Andate.

–¡Canejo! Tranquilo. Solo quiero hablar. Además, también estoy al voleo. Buscando qué hacer. No sos de la zona. Decime adónde vas.

–¿Cómo sabés que no soy de aquí? –lanzó el interrogante en un conato de reto. Presumía la respuesta, pero quería escucharla.

–Mirate los lompas y los tamangos cazcarrientos. Te delatan –dijo con ese gracejo que tendía a la burla tan común entre los compadritos. «Rodo» sondeó a Patricio de pies a cabeza. Por su arisca actitud campesina, que no era más que el resultado del recato o la inocencia santarroseña, sospechó que era virgen y sin prontuario. Había en él, asimismo, cierto amaneramiento bucólico. Con esos aires de superioridad que escalfa la altanería, continuó: «Vivo más abajo. Si querés podemos ir a mi casa. Tengo whiscacho».

Sin muecas y en remolona actitud, volvió a la marcha. «Rodo», que se había quedado atrás porque prendía los restos de un cigarro, se aceleró hasta alcanzarlo y por segunda vez le tocó la espalda. «El Pato» no se inmutó. Ensimismado, detallaba cómo el cuero desvaído de sus zapatos formaba la arruga que lo mostraba forastero empobrecido. Por sus atavíos, se supo triste y cenceño; entregado a la merced de un extraño que bien podía ser matón y expresidiario. El paseo no solo transcurrió entre anécdotas de chanchullos, robos y otras fullerías, sino también entre el chascarrillo de un amor no consumado. El desconocido, y segundo huésped por esta noche, quizá verdugo, no ahorraba en arrogancia: ora se pintaba como un timador profesional que había zanjado buenos negocios con el contrabando de licores, ora como un Don Juan cuyos camelos guisaban, a fuego bajo, como la leche el estofado de carne de caza, a una puta de La Recoleta con la que quería amancebarse. De cuando en cuando, por los largos brincos y las tres monedas y los zarcillos, silbaba un compás metálico dentro del remendado bolsillo de

Patricio. Y «Rodo» que no paraba de enumerar las galanterías y zalemas que falseaba porque la beldad en su resistencia le exigía obsequios de bacán antes de caer en el rebujo de sus abrazos forajidos.

—Hasta le di unas perlas que recién gané en una apuesta. Con eso me la monto —carcajeó sin dar muchas explicaciones y añadió: Llegamos.

Estaban al frente de una casucha de verjas de madera. Cruzaron un zaguán sin flores. Al fondo, en medio de una lobreguez absoluta, sin siquiera las languideces de las estrellas, unas escaleras terminaban en un desván de techo bajo en el que no había sino un jergón, una mesa con su silla y tres guacales en donde reposaban licores adulterados en botellas de fina etiqueta escocesa para el guiye. El dueño del zaquizamí y del bar tomó una y, por el calor de una sed milenaria, empinó de un tirón la mitad. Cuando le hubo entregado el whisky a su invitado, dos hilillos ambarinos corrieron por las comisuras. Se limpió con los puños. ¿Lo observaba con curiosidad o deseo? Ya fresco y para quebrar el silencio, «Rodo» disparó:

—Bienvenido a mi bulín. Sabés bailar tango, ¿verdad?

—Solo un poquito —masculló la mentira. El gaucho se sentó en el piso y dijo:

—No hay música, pero te puedo enseñar.

Se le acercó moviendo la cadera tan masculino como sigiloso. Patricio, acaso sedado por el alcohol, deponía su parquedad. En ese momento se sintió seguro, seducido, temerario. Quería aprender a bailar. Era su oportunidad de una clase magistral sin público. Se paró y los listones de madera del piso crujieron armoniosos. Su compañero le daba la espalda. Se desabotonaba la camisa. Desposeído de la tela, en la cintura, al lado derecho, se asomaba un mango de algo que simulaba al marfil. Se sacó el fiel puñal que siempre lo cuidaba, como un escapulario atado al cuello. Se volvió. Cara *versus* cara. Lo tomó por el talle. Aunque delgado, era firme y musculoso. En el oído le musitó: «Rodrigo me bautizaron y Rodrigo me enterrarán. No me pegues con los hombros y seguime hasta donde yo quiera». Patricio no se opuso. En seguida buscó también el cinto belicoso de su maestro, quien lo corrigió para llevar el brazo izquierdo del aprendiz a la altura de su nuca. Aspiró su aliento entrecortado de hierba y tierra húmeda. Un aguacero rompió en la bragueta con los pasos.

Rodrigo: pie derecho hacia atrás que alardeaba ventaja. Patricio: izquierdo que marcaba el pasito del noviciado. Rodo: siniestro en veleidosa abertura. Pato: pierna que vibraba en separación torpe. Veterano: diestro caminaba hacia adelante. Bisoño: traspié postrero y ruego. Gigoló: no se detenía y avanzaba en conquista infiel. Pibe: reculaba y, no obstante... El primero juntó las piernas para cambiar el peso de su ofensiva mientras el segundo, cruzado, propiciaba la victoria ajena. El balanceo de los impulsos también hizo que en danza chocaran las espadas. Un sofoco los asfixió al punto de que ya no sabían quiénes eran. Pausa y cadencia, el macho, que también era ciudad, progresaba, y la hembra, que también era estepa, al borde del abismo daba al frente. Él abriendo trances y ella cayendo. Inmóviles, el uno contra el otro, se besaron con tal furia que sus lenguas parecían hojas de hierro. Se hubieron cortado, amputado. Se tumbaron al suelo. Con frenéticos rasguños desgarraron las ropas. Lamer las huellas de las cartografías inciertas. Sorber hasta las últimas gotas de saliva. Hecho violencia, «Rodo» le subió las piernas a su amante y lo corrompió como milonguita aireada. Nunca antes La Pampa había sido tan fértil, regada desde adentro, donde retoña y se expande el ombú.

Paroxismo y descanso inmediatos. Rodrigo, antes de hincarse en su presa dormida, limpió del jergón un pantalón de cuyo interior corrió una cuenta brillante. Era una de las perlas negras que en la víspera anterior le había regalado a su pretendida. Demudó el éxtasis por odio y revisó, henchido de furia, cada agujero de esa tela mugrienta. Sus dedos se estrellaron con el sedoso aljófar. Se abalanzó a su puñal y, sin pestañear, con los bríos en el filo, lo hundió una y dos y tres veces en el pecho de Patricio, quien intentaba decir algo, pero un buche lo ahogaba.

Se vistió en tropel para desafiar en la calle Chile a Aurora –clareaba–, blandiendo el arma sangrante que dejaba impresas las «sendas de la muerte».

TRITONES DE CERA

No le echo en cara nada a mi hermano. Ignoro el lugar exacto que ocupaba en mi vida. La complejidad humana no se reduce a ningún principio de casualidad. Puede que de no ser por esos años de silencio me habría atrevido a afrontar el abismo de una relación que aunara sexo y amor.

YASMINA REZA, *FELICES LOS FELICES*

PABLO SERÍA, junto a una botella de un fino caldo de Burdeos –que no era Château Lafite o Margaux–, el regalo de cumpleaños de su jefe. A sus 29 años, la calvicie escindía su cabeza con un extraño istmo de pelo que iba de la mollera al cuello. Pero era de buen ver: alto, como centinela de alguna catedral medieval, y amarillo, como un vikingo, hijo realengo de Odín en tierras de mortales. Se afeitó la barba dorada y barnizó su pecho y nalgas con un ungüento perfumado de violetas. No gustaba de olores tan dulzones, pero fue lo único que pescó como muestra gratuita en una de esas tiendas por departamentos que cunden y abigarran de venalidad Las Ramblas de Barcelona. A las seis se encontraría con el cumpleañero: Jaime Urbizu. Un filólogo y ensayista vasco que, hacía tres meses, lo había contratado como corrector de estilo. Entre otras funciones, revisaba un abultado documento que estaba por publicar. Había llegado hasta su despacho gracias a la intervención de una amiga periodista –muy bien conectada en el mundo editorial– quien, aun sabiendo que remoloneaba por una abulia al compromiso, cortó el nudo gordiano del desempleo. Consiguió el trabajo.

Caminaba por el Paseo de Gracia a las cinco cuando una de las vitrinas –de esas que aguijonean el consumo y la culpa por la hucha rota– le hizo guiños. Se paró frente al cristal de una joyería. A Pablo le encantaban las joyerías. Cuando era niño tiraba del brazo de su papá para contemplar los diamantes y esmeraldas y rubíes expuestos en los terciopelos rojos o negros de los comercios italianos de Sabana Grande. Adolescente, cuando hubo descubierto en los libros de historia el ominoso destino de los Romanov, allende la picota, las cuchillas y las balas certeras que el odio y el resentimiento en concomitancia deliberaron, las joyas de la corona rusa se convirtieron en obsesión, incluyendo las tiaras, collares y pulseras cosidos a los corsés de las mujeres, que fungieron de chaleco antibalas ante lo indefectible, ante el arponazo, la muerte. Al ras de la vitrina sintió cómo su aliento empañaba esos modelitos de anillos de compromiso. Quería uno junto a los ridículos meneos de un Georges Duroy *hipster*, un *bel ami*, que al son de «*I Say a Little Prayer*» se arrodillara en una declaración de amor. Al llegar al edificio de Jaime, en el *carrer* Roger de Llúria, un niño grajeaba sonidos guturales en la acera señalando el mostrador de una tienda *vintage* que exhibía cómics, lentes, carteras de cuero de 1930, juguetes de colección y cualquier otro adminículo que la demagogia de la memoria enaltece por los sentimientos de ayer.

Antes de tocar el intercomunicador se dio cuenta, por la ligereza de sus aleteos, de que había dejado el vino. Llamó. Al escuchar la voz sombría de su cita se adelantó: «Tengo que regresarme. Olvidé algo importante. No me demoro». Trotó con la boca abierta para que el aire le entrara formando una gran bomba que, con cada exhalación, se espichaba. A pocos metros de su puerta, divisó una silueta roja conocida. Con cada paso, se edificaban en nitidez esos brazos moteados por las pecas, esa espalda cuadrada cuyos músculos parecían pequeñas cordilleras y ese lunar en el mentón que delataba la robustez masculina de su patrimonio genético. Era Fernando, su hermano mayor, en su panoplia de macho dispuesto a encender la camorra –que había dado con él no sabía cómo–. Con un «hola» despiadado y autoritario, que subyugaba la duda y el juego, se ensanchaba el cielo o el desbarrancadero.

***

Deambulaba por esas callejas que, a renglón seguido, le parecían todas iguales: de polvos marrones donde se adormecían el brillo y la modernidad de buenos tiempos. No había en ellas un estallido, un estremecimiento o al menos un quejido como los de las avenidas de su Caracas natal: bulliciosas, alegres, sonrientes a la luz, en cuyas esquinas un piropo se encrespa con la falda de una *madonna* de desparpajo y semidesnudez o un estrechón de manos se amanera con el calenturiento sonido del «¿qué pasó, marico?». Nada. Un par de viejos que, ateridos por unas brisas invernales, apuraban su sobaquina halados por un perro eufórico.

Pablo entró en una librería. Por los miles de títulos de autores desconocidos por él, se supo mortal: no tendría pulsaciones suficientes para leer todo cuanto quería. Revolvió estanterías hasta dar con una novela de Yasmina Reza, *Felices los felices*. En su cartera solo había un billete de veinte euros y el libro costaba 17. Sumaba seis meses en España y desde entonces no había trabajado. Sus ahorros en menguante acuciaban la mendicidad o la derrota del exiliado. Lo compró con culpa y retomó su errancia. En la línea roja del Metro inició la lectura. Se abstrajo a tal punto que no sintió el revolú del subterráneo; el sonido eléctrico de los rieles, ese que crepita y crispa a los inquietos, a los que siempre llegan tarde, a la gente como Pablo, pues; la voz mecánica que anunciaba su parada y que pasó inadvertida.

Cuando rompió el encantamiento picaresco, estaba a dos estaciones de su destino. No llegaría a tomar el último autobús hasta su casa. Haría autostop. Estaba dispuesto a prodigar besos y succiones a cambio de una cola que le eludiera la hora de caminata en el vórtice de una helada. Un sesentón de lo más parlanchín, apiadado, lo montó en su carro. Era taxista y extrañaba a su mujer, quien, después de tres lustros de matrimonio, lo había sustituido por el hacha de un leñador veinte años menor que ella. Ahora el chofer vivía en un pequeño apartamento en la periferia junto a las candilejas de su orgullo catalán, las que iluminaban su fracaso. «Dormir sin compañía no es bueno», acrisoló el lamento como el fuego al oro. Pablo quiso lamer cada una de sus canas, borrar cada una de sus arrugas a mordiscos. Sitiar su soledad. Agradeció y se despidió no sin antes recitarle una frase del libro que lo había encandilado: «Hasta la vida, llegado un momento, es un valor estúpido». No había terminado de despellejar las palabras cuando se arrepintió de declamarlas.

Ya dentro del zaguán, imaginó al buen samaritano –que lo salvó de la oscurana– acelerando las cuatro ruedas de su Fiat contra un árbol. Carbonizar su existencia abandonada, desposeída, segregada. En la residencia donde alquilaba un cuarto, la casera lo esperaba en la cocina lambuceando un plato de lentejas desabridas. Le anunció que una tal Ninoska lo había llamado. Telefoneó y ella lo azuzó a reunirse a la tarde siguiente con Urbizu.

Dos días después estaba en un buró de caoba haciendo las veces de asistente personal. Evitaba decir tonterías, pasaba largas horas sin siquiera bostezar. Se quemaba los ojos, las ojeras de poeta maldito, de romántico Nerval, y las yemas de los dedos –hasta desecarlas como los pantanos de Florida– de tanto leer y releer bibliografías, referencias, investigaciones y correos. Su patrón, por su parte, era reservado. Por su reciente divorcio se había vuelto déspota; abominaba la chanza y la morisqueta, el tuteo, la licencia que confiere un saludo cariñoso. Urbizu, de cuando en cuando, levantaba la vista en sesgo. Nunca a los ojos de su advenedizo. Al contrario, lo evitaba, lo sorteaba, rehuía su quietud y esa expectación de quien espera un regaño por error no perdonado.

Pablo, en las estrechísimas hendeduras desde donde lo espiaba —cuando fumaba su tabaco rubio pegadito a la ventana y agitaba como en una caricia las volutas de humo para borrar la evidencia cancerígena, cuando iba al baño y, al cerrar la puerta, escuchaba cómo el golpe del chorro contra el agua hacía un glu-gluteo sexual—, había concluido una elegancia de dandy inusual en los cincuentones del siglo XXI. Los moños atados al cuello, los pulóveres de fina cachemira, las chaquetas cruzadas a cuadros y, por supuesto, su sempiterno abrigo tipo paleto rotulaban, asimismo, un cariz de *it-boy* que las *fashion bloggers* reseñarían con la futilidad característica de sus prescindibles webs y redes sociales.

Con el transcurrir de las semanas, Pablo se obcecaba con Jaime. Estudiaba con atención cada uno de sus comportamientos y maneras. Registraba, en un grabador portátil que escondía en el bolsillo de su chaqueta, cada conversación o monserga. Copiaba en su Moleskine la forma como planchaba las servilletas al extenderlas en el regazo; su caminar ríspido y apretado como si, por acción de pinza, sostuviera un cojín entre las piernas; los modales ingleses en la mesa que proscribían el intercambio de cubiertos de una mano a la otra; su machito aspaviento cuando se peinaba hacia atrás. Después de cada jornada, regresaba ofuscado a su guarida. Frente al espejo emulaba todo cuanto había aprendido; lo que muchos considerarían bicoca, para él era hallazgo y tesoro. Quería descuerarse, cambiar de vida, desterrar de su mente a Fernando. Incluso empezó no solo a beber vermut al mediodía para acicatear el hambre, sino también a leer autores extraños para él: Spinoza, Georges Steiner, Primo Levy e Italo Calvino. Su alma empobrecida, también cundida de inseguridades, no se subvertía a favor de la autenticidad, no. Su frustración y esa confirmación del envilecimiento del yo reverdecían su afán de parecerse más y más a su patrón. Hasta afectó el tono sardónico que el otro usaba cuando le hacían una pregunta cuya respuesta le parecía tan obvia, rayana en la estupidez.

***

Una tarde, mientras revisaba montículos de hojas mustias, Jaime distinguió algo diferente en Pablo: un no sé qué, distinción y *savoir faire*. ¿Acaso era ese cárdigan de doble punto? No era tipo de fijarse en las banalidades del vestido. Había señales más profundas, como de intimidad compartida, como el reflejo en un espejo de agua que tirita en el reconocimiento nubloso. Un enternecimiento en esa fotografía tan suya lo bamboleó. Y, pese a que nunca se había sentido atraído por los hombres, como Aschenbach ante el portento de la belleza, hasta le pareció hermoso. Un hermoso efebo perdido que requería de sus luces. No sabía con qué ni cómo acercarse y recurrió a lo único que conocía de él: una novela en ciernes.

—Estos papeles no sirven para nada. Son textos mediocres que escribí hace mucho. Encenderé una pira para quemarlos. Piensa bien tu novela. ¿Cómo va? —interpeló sin gazmoñería y, acto seguido, se desinteresó de la respuesta.

Las palabras de Pablo renqueaban. Por temor a la condena, no sabía cómo explicar la corrupción de la trama ni la perversión de los personajes. Por una fuerza que nació del diafragma, se remangó la camisa, de la misma manera que Urbizu cuando una petición lo molestaba, y contestó:

—La historia da cuenta de dos hermanos a quienes los separa una tragedia. Nada original ni innovadora. Quizá la engavete –desdeñó para no hacerse el interesante, a pesar de que el fin era justo el contrario y aun cuando el contenido de esas páginas lo ensuciaran de deshonra y aprieto. Se atrincheró en la zanja de la indiferencia para no mostrarse desesperado de aprobación.

–Ya –tronó el filólogo de marras y, luego de una pausa, lo concitó, a pesar del horario nocturno y de la doble tarifa que supondría por hora, a colaborar con él en un coctel que organizaría para sus editores a la noche siguiente.

Con el monosílabo, Jaime puso el punto final de la conversación y Pablo –que conocía el laconismo que amañaba por costumbre y apatía– calló al instante. Como si no lo atribulara ese «ya» –que lo helaba, que lo minimizaba por su pensamiento recurrente de ser escritor de segunda o cuarta categoría–, culebreó en los quehaceres pendientes mientras una lágrima ciega lo partía. Antes de apagar la computadora para huir de ese recinto –que también era paredón de fusilamiento–, la chispa de la vergüenza lo hizo volver a su texto. Pensó que la huida y el vaciado de sus oscuros secretos en la escritura lo exorcizarían de su demonio. Pero no, de día, de noche, al encender la luz, allí estaba, lo acosaba, tremebundo,

Fernando. Sangre de su sangre, no solo era perdición sino también la enfermedad hecha carne. La abyección fraterna y repudiable que eyaculaba con el temblor. La razón genuina de su partida, del adiós a Venezuela que constriñe el pecho y, no obstante, que se mantiene en vigilia alumbrando la cueva maldita de la Anástasis. Limbo y resurrección e infierno perpetuo.

***

La primera vez que hizo el amor tenía diez años y Fernando, catorce. Iban a comer en familia como todos los domingos después de misa; sus padres los mandaron a bañarse y vestirse. Para no perder tiempo resolvieron hacerlo juntos. La regadera escupía gotas calientes y del piso, como una fumarola, se elevaba un vapor de aceite. Grasoso. Resbaladizo. Pablo se impresionó al comprobar que a la altura del pubis de su hermano se enmarañaba un revoltijo de pelos rojos que no ocultaba la prueba de su buen desarrollo. Le preguntó cuándo le había salido aquella alfombra aria. «Hace dos años. A ti también te saldrá, poco a poco. Y en la cara, debajo de los brazos y en el culito», lo ilustró.

Al decir ese último sustantivo en diminutivo, en chiquito, como era entonces su huequito de niñito remilgoso, Fernando le pasó la mano jabonosa por sus nalgas lampiñas y lisas como cáscara de parchita criolla. «Si quieres, toca», le susurró arrastrándolo contra sí. Sin miedo, Pablito tomó entre sus dedos pueriles los vellos para palpar, hilvanar la suavidad de una hebra de seda persa. «Hay que lavarte adentro», volvió a cuchichear el mayor. Y todo se levantó: la espuma del escalofrío, las burbujas muaré del champú, los poros de la piel en granitos de arena, los tritones de cera en esa piscina de transgresión y libertad. Desde esa ducha de iniciación hasta luego de diecinueve años –cuando anunció su matrimonio con Susana–, Fernando le plantaría la infracción a la ley del ADN, el pecado repudiable de la genealogía. Lo preñaría, aun mordiendo el adiós, aun masticando las súplicas del «no me dejes, te amo», de naufragio y ruina.

***

Con su primer sueldo se mudó a un apartamentico en el centro de la ciudad, compró una camisa blanca Margela y una chaqueta roja de lana para la ocasión. Embetunó con un pegote de brillantina los cuatro mechones que aún le quedaban y se embalsamó con una muestra de Terre que había birlado del mostrador de Hermès en El Corte Inglés. Como travesura, en la infancia, robaba esos pequeños frasquitos de perfume francés lo mismo que arrancaba las etiquetas de las ropas para enmarañarlas y arrumarlas en los estantes de las medias. Puntual llegó para cumplir con sus deberes en la fiesta. Se dio cuenta de que una reyerta entre Jaime y la corbata se embravecía dejando de perdedor al primero. Con prudencia se alistó como mediador. Sin hurañía, el contendiente aceptó. Cara a cara, sus pupilas desembocaron, como las aguas de dos ríos rivales, en un estuario de conciliación. Con presteza de sastre, Pablo anudó al cuello la Paz de Westfalia que ponía fin a esa guerra –absurda como todas–. Como el lazo era tan perfecto, sólido y esculpido, Jaime denudó no menos halagos guardados. Pablo se sorprendió, pero arrió su entusiasmo.

En la celebración había invitados de toda España: poetas, músicos, novelistas y abogados, entre otros. Un parnaso intelectual que reunía a la *crème* de las letras castellanas. Luego de traer y llevar mensajes a los mesoneros, Jaime persuadió a Pablo de incorporase. «Hay personas que debes conocer». Era la primera vez que desplegaba tanta generosidad, que no marcaba distancia. Lo tomó por el hombro y lo condujo hasta el balcón donde estaba Ligia Portillo, editora. «Te presento a mi ayudante. Creo que tienen temas en común».

—No sabía que Jaime tuviera un discípulo tan guapo. No te dejes manipular por él. Es un patán —aconsejó para quebrar el hielo.

Pablo, a pesar de que sí lo consideraba zarandajo y pillo, embeleció al decir que era un tipo no mezquino... discreto pero dispuesto a tender la mano. Se estaba enamorando de él. Intrincaron una caliente conversación en la que ella despotricaba contra todos los presentes. «¿Ves a la mujer del poncho azul? Es una bruja. Me robó a un narrador latinoamericano que hoy vende miles de ejemplares. Yo lo conseguí y por confiar en ella le pasé su texto. A los días, los muy malditos estaban firmando un contrato para la editorial que la zorra dirige», desembuchó su contumelia de princesa herida sin desahuciar el rencor, viviendo como ayer la oportunidad robada de ser ella, y no la otra, el Cristóbal Colón de la literatura contemporánea. Después lo interpeló con avaricia de judío: «¿Quién era? ¿Qué hacía? ¿Cómo había llegado a Urbizu?». El interrogado no solo satisfizo el cuestionario sino que también habló de sus libros, pitanzas diarias, molestias domésticas e incluso de los amantes que lo habían subyugado en su adolescencia o ahora como inmigrante en morriña.

No despilfarró, sin embargo, pormenores de su entorno familiar, de sus reconcomios hacia sus padres por el abandono cuando por viajes sin aparente motivo se esfumaban, de sus remordimientos acallados por el clamor de sus poros. No soltó prenda de las exhalaciones que corrompían el retozo cuando jugaba a la lasciva «casita» o «al doctor» junto a su hermano: él, que lo malcriaba por ser el benjamín, el consentido, el que siempre se salía con la suya así el resultado fuera repudiable.

***

En la víspera de la condecoración de Papapa, nuestro abuelo, por parte del presidente Caldera, Fernando había sido castigado por mi culpa. La pena, que no pudo conmutar por otra, no fue dejar de ver televisión o de confabular batallas imaginarias con sus G.I. Joe, por ejemplo, sino estar parado por dos horas contra una pared. A mí me partía el alma verlo allí, quietecito, plañendo en una esquina blanca que en nada lo consolaba.

Teníamos prohibido cerrar las puertas de los cuartos. Mi madre nos decía: «El que se encierra es porque algo malo esconde». Pero yo me empeñé en violar la ley. Insistí en meterme, como una anémona babosa, en su cama cuando él hacía sus tareas de Matemáticas. Siempre fue bueno con los quebrados, las divisiones de varias cifras y la regla de tres.

Fue justamente una regla lo que tomé para seducirlo. Le dije que quería medirle su piripicho. Él odiaba la palabra «piripicho»; dizque no era de varones. Decía que él no tenía piripicho sino un «güebo» y lo escribía con ge, u y diéresis incluida. Yo lo refutaba, le decía que ese era un equívoco del lenguaje, de la escritura, porque lo que botaba su piripicho era algo blancuzco y gelatinoso parecido a la clara de huevo. En todo caso, para mí era huevo y no «güebo». Me pidió que no lo molestara, que antes de dormir podíamos sacar los cálculos, que no era necesario Baldor para resolver el problema. Pero desatendí su orden. Me deslicé por debajo del escritorio y me metí en sus interiores —hasta recuerdo cómo eran: azules con unas motos—. Por el contacto del centímetro erógeno de mi lengua, las motos se encendieron. Rugieron. Me alentó a cerrar la puerta. «Mete el botón. Solo un momentico». Pero un estallido reventó la diablura: «Carajitos, abran de inmediato». Era Papapa con su vozarrón que apagaba los motores.

✳✳✳

Al terminar la velada, Pablo tenía en su directorio de teléfono algunos números, incluido el de Ligia. Aunque altanera y engreída y con esa pose de marisabidilla que tanto desagrada a los galanes, fue la única interesada en leer su novela –aunque no estaba preparado para desvelar su verdad–. «No sea que te conviertas en un ídolo y la zorra del poncho se me vuelva a adelantar», insistió. El coso jaranero en que se había convertido su oficina ya estaba vacío. Nada tenía que hacer allí. Quiso despedirse del anfitrión –quien lo instó a quedarse con él siquiera un periquete–. Aceptó. Nunca lo había visto borracho y, paradójicamente, afable. En un descuido entró al baño y, como tantas veces lo había escuchado vaciar, el regato de su vejiga sonó esta vez débil, lánguido y zigzagueante. Daba tumbos. La lengua, en esa sensación de telaraña, contorsionaba vocablos y voces incomprensibles. Lo llevó a su habitación. Lo desvistió y, antes de ponerle el pijama, que halló al revisar gavetas sin aquiescencias, se topó con el fantasma del pasado: su pene en recreo era circunciso, como el de Fernando. Por la remembranza entrañable de la anotomía explorada, no refrenó la tentación de lo indebido. Dormirían juntos. El minotauro, el tormento y el yunque en la cabeza rota dolerían como ninguna otra vez en Barcelona.

***

En los próximos tres meses Pablo y Jaime jugarían al gato y al ratón, a la ere y al mantequillero. Cerca: caliente, caliente. Lejos: frío, frío. En ese estira y encoge, urdieron una relación diacrónica. Unas veces, sin chavetas, se flirteaban, y otras sin correas se esquivaban, relegaban. Jaime preciaba a Pablo de provocador. No lograba concentrarse en su escritura. Perdía tiempo observándolo, examinando el cómo se le insinuaba cada vez que, al manosear el índice de un mamotreto, humedecía los labios con la punta de su lengua viscosa; o paraba el culo en esos pantalones índigos tan parecidos a los suyos. A la hora de servir el té, como un toro bravío que amusga las orejas por una embestida, se precipitaba por un roce y, no obstante, se echaba atrás.

Cuando hubieron terminado las labores, se despidieron sin mayores acercamientos. Jaime le recordó que al día siguiente sería su cumpleaños y que quería celebrarlo solo junto a él. Pablo asintió y salió en tropel dejando desprotegidos su íntimo cuaderno de notas y su novela –recién la había terminado e impreso para comenzar las correcciones–. Urbizu la consiguió en el escritorio. Sin saber de qué se trataba, al azar, sus dedos aterrizaron en un capítulo transcrito en cursivas:

Compartía escritorio, en quinto grado de primaria, con Claudio Friso. Era un niño rubicundo de pelo amarillo que se parecía, por esos cachetes acolchados, a los ángeles que pintaban los maestros del Renacimiento italiano. Un brillo aterrador escarchaba sus ojos verdes. Le temían hasta los padres del colegio, acaso por esa ambigüedad maléfica que encubrían sus escasos 11 años. En una clase de educación para la salud, al final del tercer lapso, me preguntó en un grito, para que lo escuchara el salón, si yo era «pato» porque, según él, caminaba como una niña. Para no caer en sus provocaciones –entonces no sabía qué era una provocación ni tampoco a qué aludía con «pato»–, me paré del asiento. Salir al recreo era el subterfugio para evitar el acoso, el «chalequeo». Se me tiró encima y me lanzó una patada en las nalgas que me tumbó boca abajo. Pegué la carrera al baño para reprimir el llanto ante el resto de los compañeros.

En la puerta, me encontré a Fernando. Me desplomé. Como mi jeremiada y mis hipos eran tan fervorosos no entendía lo que me había pasado. Me tranquilizó y le conté. Al terminar la jornada escolar, regresó a la casa con una amonestación y una carta de expulsión por lo que quedaba de semana: le había partido a puño limpio la boca a Claudio. Nuestro papá lo sondeó, pero él no quiso revelar el porqué de su reacción tan violenta. Sabía que si le decía yo también sería reprendido, por «pato», por esa delicadeza que procuraba lijar con actividades de hombres: ir a la finca para montar, hacer karate y ver partidos de fútbol. Antes de acostarnos, Fernando expugnó mi habitación. Todo allí era suyo, yo también. Me aconsejó que me defendiera, que no dejara que otros niños se burlaran de mí, y que si no podía solo que lo llamara. Antes de despedirse, su cara se acercó a la mía, tanto que nunca antes me había parecido tan masculina e imponente como la de la esfinge de Kefrén. Nuestros labios rielaban, pero su lengua ágil de cazador serpenteó entre mis dientes. Me dio náuseas. Ese sería mi primer beso, el primer beso que sellaría nuestro crimen. Al despegarse, Fernando me dijo: «Yo siempre te cuidaré. Te lo juro».

Esa noche Jaime no dormiría leyendo. Paragonaba el manuscrito con los apuntes del cuaderno, que también era diario y epistolario. Las similitudes eran tales que no diferenciaba entre una novela o una autobiografía. En la página 109 consiguió:

Fernando había llegado del gimnasio. A mí me gustaba verlo mojado de sudor. Su olor, entre naranja rancia y Mimosín —el suavizante que la muchacha de servicio usaba para lavar la ropa—, anegaba las estancias. Mis narices mariposeaban por su perfume que un químico debió extraer o sintetizar. Tenía la costumbre de invadir su privacidad al momento de quitarse los monos y franelillas. En el piso estaban diseminados, como granos de arroz para las palomas en plaza pública, sus interiores. Los olía sin desmadejamiento, más bien con sagrado rendimiento. Todo él era exquisito: hasta los cadáveres de sus mocos momificados en la pared. Me sorprendió aspirando el tufo de sus medias. «Asqueroso, ven. Tengo que hablar contigo. Es acerca de Susana».

Yo no podía escuchar ese nombre. Era su novia, un poco gorda y desgarbada, que debió ser sacrificada en Tarpeya antes de flechar a un príncipe espartano como él. Sin exordios, me adelantó que se comprometería con ella, que la quería y que era lo mejor para que nuestros padres no sospecharan más de nuestra obsesiva relación. *Supongo que mis ojos se entenebrecieron porque me tomó por la cintura con la delicadeza de un ornitólogo cuando aprehende una especie de colibrí en extinción. Sí, yo era un colibrí herido. Le dije que se casara, que esa sería la manera de curar la dolencia que padecíamos, que me iría lejos para no verlos juntos. Un pasmo que no pudimos contener cayó sobre sus interiores sucios. Me desnudó y me montó sobre la barcaza de su cuerpo aún húmedo del ejercicio. Mientras naufragaba en sus brazos, que me apretaban sin daños, sin desplumar mi penacho deslucido, desgastado, no escuché como siempre el parloteo alegre de las gaviotas sino el despojo de sus súplicas: «No me dejes, te amo». Después de las oscilaciones y el orgasmo, me liberó y, con los gorjeos de mis lamentos en el pico, abrí las alas para tomar el vuelo del adiós.*

***

Hacía más de treinta minutos que Pablo se había devuelto. Para festejar sus cincuenta y dos años, Urbizu tenía en el comedor una botella de champaña, un *pithiviers* —su torta favorita—, cigarros cubanos y la novela que narraba el incesto. Un ímpetu inextinguible, una necesidad despótica de confrontarlo, de matar el magín con respuestas, lo embargaban. Aunque no sentía pena o siquiera una pulgarada de asombro, se tomaba por un caballero abierto y sensible, no podía dejar de recrear cada uno de esos pasajes que había leído —y que extrañamente lo regocijaban—. ¿Pablo lo había usado? ¿Era su treta para olvidar a Fernando? ¿Qué significaba para él la extraña relación que apenas iniciaban? Lo llamó a su celular. Nada. ¿Lo dejaría plantado con sus dudas? ¿Intuyó que había leído su confidencial manuscrito? No, no tenía sentido. Volvió a llamarlo, pero atendía una contestadora inútil. Con el ocaso se exacerbó su inquietud. Descorchó el Ruinart y lo empinó sediento. Pablo no apareció. Botó la torta por la ventana.

Pasaron uno, dos, tres días. Al cuarto Jaime se comunicó con Ninoska, quien no supo darle coordenadas de su empleado. Fingió desgano o hartazgo, como si la situación no lo desvayera. Lo odiaba con hondura, pero más la odiaba a ella por haber tendido el puente entre ellos. ¿Lo amaba o solo era una fijación de hombre maduro ante lo nuevo, lo extraño, lo extravagante? ¿Había visto en ese muchacho latinoamericano la oportunidad de una aventura, una montaña rusa de sentimientos y sensaciones no experimentados, reprimidos? Si de algo estaba convencido era de la inyección de colágeno que él le inoculaba y de la que se rejuvenecía. La dosis había sido muy poca.

Una mañana, semana después, al filo de la sima, fue al sitio que había arrendado Pablo. Se sentó por casi diez horas en la terraza de un café que daba al frente. Unas señoras cloqueaban con estridencia: hablaban de sus nietos, yernos y la independencia de Cataluña. Cuando el portero salió a botar la basura, corrió a su encuentro. Le preguntó desapacible, torpe, por el inquilino del 4B. Este se encogió de hombros en señal de inapetencia. Lo convenció de abrirle las cerraduras de ese piso a cambio de veinte euros y le pidió que lo dejara un rato solo. En la pieza, la imagen inanimada mostraba una cama desnuda y un desván que daba al balcón —estaba abierto—. Curucuteó cada esquina y el único clóset de ese desierto. Colgaban camisas bien planchadas, pulóveres y una chaqueta cruzada de cuadros grises. Por los géneros y cortes, lo reconoció de guardarropía; el conjunto parecía más bien suyo. Registró los cajones y dio con un grabador. Lo cogió como quien se aferra a un milagro. Regresó al *living*. Por la luz que bañaba el piso, notó unos fulgores: eran pequeñas plumas azules. Caminó hacia el balcón, donde descubrió un colibrí muerto.

LA QUE MANA DE HOY

SANGRE QUE LAVA[1]

Hay alguien que ha bebido mucho, y se burla,
y se acerca y aleja de nosotros, como negra cuchara
de amarga esencia humana, la tumba...
Y menos sabe
ese oscuro hasta cuándo la cena durará.

CÉSAR VALLEJO, «LA CENA MISERABLE»

El toque de queda estaba por empezar. A las nueve de cada noche, puntuales, las dianas en un lancinante rugido anunciaban claustro y represión. Las familias se recogían y, como *boy scouts* ante la fogata, circuían las mesas para escuchar las nuevas que propagaban radios o televisores. Los White, sin embargo, se empecinaban en mantener, incluso en guerra, las costumbres de la casa. A esa hora se sentaban a cenar en comunión. Pese a que sus comidas eran cada vez más frugales, los manteles, la escasa platería y copas de cristal en el comedor victoriano, legado del bisabuelo Lafée, resplandecían en limpidez, pero dispuestos al sucio. Gonzalo White, arrellanado en el asiento regidor, precedía los alimentos. Su esposa, Blanca,

---

1 Este cuento resultó ganador de una beca de residencia artística concedida por el Centre d'Art La Rectoria (Fundació La Rectoria de Vilamajor Fundació Privada), lugar donde se terminó de escribir el libro. Barcelona, España, 2015.

a la derecha, y su hija, Ana, a la izquierda, esperaban la seña para que Berta, ama de llaves, destapara pucheros y otras vituallas. Desde la cocina se filtraba el bisbiseo de la radio. El ruido del locutor, en la medida que desmenuzaba su facundia oficialista, se musía en los oídos de los interesados.

—Berta, por favor, abra las puertas y suba el volumen —apenas Gonzalo terminó la instrucción, su mujer rezongó.

—No. En mi mesa no se comen malas noticias. Más bien apague ese aparato.

—Ya hablé. Hoy quiero escuchar. Y punto —estalló el patrón no sin antes chasquear los dedos en apremio a su dictamen. Nunca subía los decibeles de su meliflua voz. Sus maneras eran más bien dulces, suaves, como la miel. Era historiador con loor y los libros y documentos viejos le habían infundido un carácter tan apacible como decidido, talante de investigador que aguarda por el hallazgo. Por tanto, su reacción instó al mutis a sus dos acompañantes. El hombre de la emisora, mientras una musiquita, una especie de alerta marcial de fondo, amamantaba las palabras, informaba de la toma de Carabobo. «Esta tarde, las tropas de la revolución sitiaron la entidad. Un triunfo más del comandante en virtud de preservar la soberanía de la república.

Los traidores, aliados de nuestros enemigos en el norte, han sido 'privados de libertad'. En pocos minutos, los escuadrones de paz cumplirán la disposición del Tribunal Supremo. Los fusilamientos se efectuarán en el patio del Cabildo».

Un estallido seco, como de pólvora, rompió la huraña resignación de Gonzalo, quien alzaba en su mente el cadalso y se repetía la expresión «privados de libertad», eufemismo que conculcaba el lenguaje. Brincaron desde sus puestos. Era Gastón, el primogénito, que había entrado y tirado de sopetón.

−¿Dónde estabas? No podía con los nervios. Están matando a opositores. Además, en cinco minutos sonarán las sirenas −increpó con altivez la madre acomodándose uno de sus zarcillos de rubí. Se los había engarzado por su machacona actitud de acentuar su donosura aun al borde de la escarpadura y la ruina; haciendo caso omiso al fardo de pobreza en que se había convertido su hogar luego de que una asonada militar encumbrara en el país, a punta de bala y bayoneta, a una nueva casta gobernante en el vértice de poder. Cimera en el Palacio Nacional. Y, no obstante, ella no abdicaba a favor del recato, la discreción o humildad. Fanfarroneaba, hasta en la intimidad conyugal, de su pasado «sin mancha», como aludía a sus genes patricios −libres de sincretismos o mezcolanzas étnicas–. Fuente aristocrática de la que dimanaban rancias estirpes: marqueses que monarcas castellanos ungieron en gracias, próceres, presidentes, terratenientes de fundos sin coronas que fueron sustraídos de sus faustos y prerrogativas.

–Estaba con mi tío. Cuadrando la manera de salir por la frontera. Nuestros primos estarán esperándonos al otro lado –contestó en tanto se ponía la servilleta de lino en el regazo. Por sus bastos movimientos pudo percibir no solo un tufo a saliva seca, sino también las palpitaciones de su última *posesio*. Aún olía a su amante.

Gastón era un muchacho fuerte. De facciones varoniles que forjaban un semblante de Teseo tan distinguido como la barba rala que poblaba su cara. Había abandonado sus estudios de Medicina cuando el régimen de turno hubo emprendido la ofensiva contra todo aquel que no se arrodillara ante su bota comunista, doctrina de odio y distopías. Desde entonces conspiraba en subrepticio oficio junto a Joaquín, su tío, y un grupúsculo de contrarios que detraía a quienes gobernaban. Ese 24 de julio, apenas alboreó la esperanza de fuga, había estado en la grey con sus compañeros –a despecho de la prohibición de connivencia y otras reuniones vistas como crímenes– para garrapatear el plan. Había terminado la estrategia a las seis pero luego fue hasta el escondite de su pariente, hermano de su papá, para pringarse en sudor y semen. Desde hacía dos años se prodigaban amores de Erómeno y Erastés. Él amado y el otro maestro que, en supina lujuria, cebaban la relación considerada también delito contra natura en un Estado represor y castrense.

La sirvienta irrumpió en la estancia. Arrastraba las cocuizas sobre el mármol ya desvencijado. En sus arrugadas manos espejeaba la bandeja en cuyo interior reposaban manzanas, pan, tocino, un poco de carne y papas asadas. Empezaron a comer. Acto seguido, Gastón cantó la estrategia para tomar las de Villadiego. Partirían esa madrugada a las tres con lo justo –provisiones, algo de ropa, efectivo y joyas– puesto que, el 25, día siguiente, había sido decretado fiesta por la victoria de Carabobo. Las fuerzas armadas se plegarían y acordonarían la plaza recién conquistada, dejando libres carreteras y pasos. La ceguera de las alcabalas y demás centuriones se compraría con los pocos bienes que todavía atesoraban.

–No me queda nada para vender sino mis zarcillos, la pulsera de esmeraldas y brillantes y, por supuesto, el collar con el medallón de oro, símbolo o amuleto de las mujeres de mi familia desde el siglo XIX. Todo lo he empeñado para sobrevivir luego de las expropiaciones de la finca y la fábrica. Primero muerta antes que entregarlos –se sublevó Blanca a sabiendas de que no tenía otra alternativa. La idea, sin embargo, de liberarse de la ignominia «bolchevique tropical», como llamaba al modelo gubernativo que los «usurpadores» hubieron fundado, remendaría con sutura invisible sus jactancias y heridas supurantes. Cedería, pero solo con la pulsera y los zarcillos.

–El collar me lo quedo –puso el sanseacabó y se acarició el cuello en busca de la preciada prenda que había dejado en su peinadora dentro del cofre que la custodiaba. Ana no decía ni esta boca es mía. Se espabilada con obscena intriga con cada una de las palabras. Se arregló su pelo rojo antes de llevarse la copa espurreando un ligero perfume a lavanda silvestre. Memorizaba cada una de las instrucciones que daba su hermano mayor, a quien despreciaba. Le tenía resentimiento porque siempre la comparaban con él. Gastón era el bello, el inteligente, el destacado en los deportes y estudios, ejemplo de perfección helénica. De su homosexualidad no se comentaba. «Hipócritas», musitaba.

A las dos los pasarían buscando. Ana desviaría la directriz. Estaba harta de que le uncieran el destino amanerado de una clase que despreciaba, de cosmogonías adversas a su credo y sentir político, del paganismo decorado con lujo que dimitía a la reivindicación social a la que aspiraba aun sabiéndose dueña de abolengos vapuleados por los actuales líderes. Se ahorró el emitir juicio. Ya llegaría la ocasión de hollar la herencia que no reclamó. Desquitarse por cada una de las prohibiciones que su madre le infligía: «Ana no comas esto», «Ana no te juntes con ésta o aquélla», «Ana tienes que casarte con fulano», «Ana, ¿qué he hecho para que te gusten esos tipejos?» y un sinnúmero más de sometimientos que no solo intentaba infringir sino que también hacían que la nobleza de su sangre se agolpara en las venas y corazón con tanta fuerza hasta formar la riada que haría erupción.

Miró su reloj y pidió permiso para ir al baño antes del *pousse-café*. Subió las escaleras y entró al cuarto de sus padres. Tomó el collar con el medallón. «Es tan pesado», se dijo y lo escondió dentro del sostén de encaje rosa que tanto encabritaba a Horacio, el potro que pacía sobre la dehesa virgen de sus instintos, que recalaba en sus poros húmedos de hembra sumisa. Era el hijo de Fermín –el solícito jardinero–, quien arrancó hacía apenas dos meses los yerbajos de su honra, cuando cumplía 21 años. Miembro condecorado de los «Círculos de Vigilancia», organismos policiales devenidos sombras, ánimas –suerte de Gestapo– para espiar y perseguir a contrarios y adversos.

Los White se repantigarían por última vez en el pequeño recibo que daba al jardín. Otrora escenario de magnificencia natural. A la sazón, sus arriates se poblaban de bejucos, sarmientos y otras malas hierbas que zurcían una urdimbre venenosa en la que coquetas, geranios y magnolias se pudrían. Una suerte de ciénaga inundaba los cujíes, acacias y samanes, los árboles de copa criolla, que se herrumbraban por un cáncer en sus maderas imposible de curar: la muerte se arremolinaba con sus moscas y alimañas.

Berta volvió con un servicio de té astillado de Bavaria. Las tazas humeaban. Gonzalo tomó una en quietismo y despedida de ese paisaje tan suyo, tan amado como irreconocible. Antes de trasponer la terraza, Ana fue a la biblioteca a hablar por teléfono. Luego de un repique desenrolló en siseos: «Ya pueden venir. Estamos los cuatro reunidos». Colgó y ligera caminó. Gonzalo había resuelto dejar encargada de sus posesiones a la vieja Berta, quien por voluntad había decidido no emprender la cruzada migratoria, el éxodo a Oriente en el que, según ella, caería de compunción. La enterrarían en su tierra porque su vista en el ataúd no sería otra más que los cielos azules que la precedieron. «Además, soy esclava aquí, pero no en otra parte», pontificó final.

Blanca sorbía la infusión y daba rienda suelta a la verborrea de imprecaciones contra aquellos que la obligaban a dejar de ser «gente bien» para empezar en un confín donde siempre la verían con repeluzno por ser una inmigrante más sin glorias.

—¿Qué será de nosotros? ¿Qué dirán los amigos? Estamos viejos. Maldita la hora en que este pueblo ignorante puso a esa chusma en la presidencia. ¿De dónde salió? Yo nunca había visto algo igual. Son feos, brutos y... —se mordió el labio inferior justo cuando Ana la interrumpió para respingar su nariz ebúrnea de bailarina rusa.

—Las maletas están listas —dijo solo para que, en el gargüero de su progenitora, trabucara la andanada de improperios racistas que no aguantaba ni un minuto más. Su tirria, inquina y frustraciones se sulfuraban como lava en las calderas del Vesubio despierto. El magma ardiente pronto también la devastaría.

—Perfecto. Y, mamá, tranquila, yo voy a trabajar. Cuando esta dictadura caiga, regresaremos a reclamar lo nuestro. Debemos pensar en escapar y sobrevivir. Cada día buscan a más personas. Si nos quedamos nos encarcelarán —respondió en paliativo Gastón y continuó—: Joaquín contrató a dos hombres de confianza. Conocen bien el camino. Así que no se preocupen...

Enmudeció al escuchar dos porrazos junto a unos gritos proferidos con virulencia desde la entrada. Corrieron a ver de qué se trataba. Era Horacio que, junto a tres policías, presentaba una orden de detención contra los hermanos White.

—¿Por qué nos arrestan? —rechistó Gastón.

—Por traición a la patria —respondió Horacio sin un ápice de duda y con una mirada que rezumaba rencor.

—Debe de ser un error. Nosotros no tenemos conexiones con disidentes. Horacio, te conocemos desde que eras un niñito. Has trabajado aquí. No te ha faltado nada —continuó Gonzalo ya con el dolor al borde del vaso para escanciarlo en el hígado. Las piernas quebradas.

—¿Cómo me haces esto a mí? ¿Te volviste loco? ¿Acaso olvidas que fui yo quien te acaba de llamar? Te he ayudado e informado de los pasos de Gastón y de sus amigos. He atendido a la causa, al proceso. Somos iguales: revolucionarios —farfulló Ana descubriendo sus secretos y pifias, poniendo a trasluz sus resentimientos; los que la acercaban, se persuadía ella, a Horacio en un himno de venganza.

—Tú y yo jamás seremos iguales... —la azotó con el mentís que abría el surco de las antípodas, que los ubicó en las paralelas antitéticas —comunismo-capitalismo— sin la función que trazara el punto de convergencia. Ana había defenestrado a los suyos por el amor a un tipo que la engatusaba por sus fines de politiquería malhadada. Se supo presa fácil de marrullerías y trampas que, ni por los batuqueos que daba para zafarse del castigo inexorable, la jalonarían al arrepentimiento en vano. Por un empujón de los esbirros, que ya le enganchaban las esposas, dio un paso en falso y de sus tetas patinó el collar hasta la baldosa. Nadie lo vería por la barahúnda de los llantos y súplicas de Berta y Blanca. Los cuatro intrusos —carroña advertida— tomaban vuelo con su carga en el pico. No hubo chance de despedidas, de reproches ni de bendiciones; solo el ahogo de la espiración frenética que se precipita y avasalla la sepultura.

No llegaría la madrugada libertaria, tampoco el tío Joaquín con la cura de la interdicción, ni el paso de la frontera. Al cerrar las rejas, Gonzalo subió al balcón encima de la puerta principal desde donde divisó la carroza fúnebre que transportaba a su progenie. Cuando se hubo perdido en el fragor y alumbramiento de dos disparos, se lanzó al vacío.

†††

A la mañana, Berta con su olor a lejía lavaba la sangre en el piso. El collar había aparecido.

NUNCA HA DE ESPERAR

A SERGE HAYEK ABRAHAM

Depón tus rayos, Júpiter; no celes
los tuyos, Sol; de un templo son faroles
que al mayor mártir de los españoles
erigió el mayor rey de los fieles.
LUIS DE GÓNGORA, «DE SAN LORENZO EL REAL DEL ESCORIAL»

EL CUATRO DE NOVIEMBRE Álvaro dijo que él compraría las flores. En su casa había dejado todo mondo y lirondo... limpiecito para recibir el lienzo pintado por un artista local experto en réplicas de Tiziano, Tintoretto y Veronese. Desde que hiciera una última visita al Museo del Prado, un gusto irrefragable por la pintura opulenta y heroica de la escuela veneciana del siglo XVI prosperó en el terreno fértil de su conciencia. Extraviado en el pabellón de Tiziano, en cuya galería se apiñaban, unos sobre otros, óleos de Felipe II –panegíricos de brochazos y betún–, ocurrió el hechizo y rendibú al segundo monarca Habsburgo. En cuanto contempló el famoso retrato de «El Prudente» en armadura damasquina, un estremecimiento lo sorprendió de pies a cabeza, lo mismo que una erección imposible de ocultar. Se miró reflejado en esos ojos vivaces que gestaban una mirada tanto de denuedo como de ausencia, seguramente corolario de leer decenas y decenas de legajos que se apolillaban en algún armario sagrado. Se sentó en el banco frente a la obra maestra. El asimiento a la devoción, con algo de encierro escolástico, fue la llave que le abrió los candados del pasado. Por la abstracción y el desconcierto –que lo enredaron entre los pelos hirsutos y rojos del príncipe– ensayó genuflexiones y reverencias. Entonces viajó al Monasterio de San Lorenzo, hasta 1561, año en que su rey trasladó no solo su corte sino también la fe de España.

En palacio, donde trabajaba como monje y zahorí, virtuoso en las artes de descubrir mensajes santos en lápidas, inscripciones y pliegos beduinos –que su majestad hacía traer de las expediciones que pagaba con oro americano a cruzados–, se enramaban pasillos subterráneos donde ujieres, guardias y demás caballeros consumaban pecado. Antes de la hora del ángelus, vestido con tan solo el hábito marrón, tau y cordón franciscanos, erraba por los laberintos que la oscuridad y aberración confiscaban. De pronto, con aire que trota Andorra, lo emboscó el dueño del Escorial. A trompicones lo arrancaba de las camándulas y oraciones que santiguaban sus ruegos por machos. Lo llevó hasta una esquina gris. Le subió la falda y se hizo la mortecina para que el adalid de la «Armada Invencible» –y del mundo conocido y por conocer, el hombre que aferró su imperio en aras de imponer el catolicismo en toda Europa y el Nuevo Mundo– descargara en sus tripas la mística y el fervor religioso que germinaban desde sus calzones. Cuando hubo salido del museo, luego de que los custodios de la sala lo hicieran volver al presente con sus reclamos y expulsiones, se juró, aun goteando liviandad, que encargaría la imagen del hijo de Carlos v, su nuevo amor y objeto de deseo.

Dos meses después, el *portrait* regentaría la pared principal de su salón. Lo veneraría con tanta o más vehemencia que Felipe a los dientes y reliquias de Santa Apolonia. Al entrar a la floristería, Álvaro admiró el tráfago de los vendedores. Hormigueaban de una esquina a otra con orquídeas y gladiolos en las manos. Otros acarreaban jarrones y lazos. Fijose cómo una empleada profería algunas maldiciones porque los *bouquets* de un matrimonio no estaban bien rematados en las cintas de encaje blanco. Mientras se paseaba entre lirios y jacintos escuchó la cháchara de dos floristas.

—¿Supiste que Carlucho compró una moto negra con franjas rojas en el tubo de escape? Es arrechísima. Yo lo veo pasar con ella al frente del bloque. ¡Ay, yo quiero que ese carajo me monte así! Pero la Yeni tiene esas pepas de ojo bien abiertas. Todas las puticas del barrio se le quieren lanzar encima. Es que está divino. Quiero perrearle demasiado.

La jeringonza, por una prosaica e injustificada razón, llevó a Álvaro a Felipe y, por añadidura, a su cuadro. También pensó en la suerte de las mujeres de las comunidades primitivas. En las razones que consideraban para elegir al mejor ejemplar de la tribu. Tenía que ser fornido, musculoso, pugnaz y ágil. De piernas largas y rápidas para correr detrás de bisontes. De brazos hinchados para lanzar flechas y tasajear carnes. De cojones prominentes para garantizar la preñez y supervivencia del clan. Ese era su poder, el más prehistórico de todos: la hidalguía de la bravura y la fuerza. En tiempos renacentistas, no obstante, la gorguera, el jubón de hilos de oro, las armaduras de acero forjado, las espadas de filos certeros, los castillos de cúpulas y pináculos que rasguñan cielos y, por supuesto, el origen noble, ese que enraíza en tierra, que aún después de la muerte vuelve a la tierra en inhumación y pleitesía, emperifollaban al varón de entonces. Felipe era sin lamentaciones el mejor partido entre todos. Rey de reyes, emperador de emperadores, César de césares. De heráldicas y humores linajudos. El pretendiente que, sin permiso ni gracias, sin guerras ni treguas, podía arrogarse fueros, culos y lechos.

Para despertar de sus cavilaciones, escogió un manojo de tulipanes Hamilton de color amarillo. Luego de pagar no pudo contener más las ganas de decirles a las floristas, arriesgándose a que le dieran un par de cachetadas, lo vulgar que era Carlucho... y ellas. Las mujeres, después de escucharlo, mudaron sus picardías por contrariedad. Pero no lo confrontaron. No solo porque no lo habían entendido, sino también por la apatía que las gobernaba. Continuaron con sus migas.

Rumbo al encuentro de su encargo, Álvaro no pudo despojarse de la idea que lo engurruñaba de tristeza: la ordinariez que acompañaba a sus amantes. Los que, de cuando en cuando, lo zampaban a mordiscos y lengüetazos en una noche de cama y sudores. Como la sal en el fuego, un abrasamiento de indignación lo hizo crepitar. «Soltaron las crines de sus corceles para montar sobre bengalas de hierro. ¡Qué horror!», gruñó. El vernáculo de hoy, el de «blin-blin» y reguetón, el de cervezas, V-Strom Suzuki y béisbol, poco lo seducía. Saberlo sinsorgo, sin lecturas ni libros –a diferencia de su amado, que sacó callos trasuntando, escribiendo papeles de Estado y coleccionando miles de mamotretos para su biblioteca personal–, hacía que lo despreciara aún más.

Justo a una cuadra de su edificio, en la acera opuesta, avizoró el camión que transportaba la invaluable copia. Se estacionó al frente de su portón. Apuró el ritmo para no hacerlo esperar –porque un príncipe nunca ha de esperar–. Un crepúsculo entre rojo y gris se arrebolaba y coronaba su norte. Con cada paso que daba, amainaba su ansiedad. Se sentía dichoso. Exultaba. Al momento de cruzar la avenida, una extraña metralla de luz relampagueó hasta la ceguera. Cuando hubo recuperado la visión y la conciencia, se halló tendido boca abajo en el piso. Pese a la confusión, en sus oídos castañeteaba el galope sostenido de un caballo. La intensidad del dolor en el vientre lo pasmaba, lo estrangulaba, lo asfixiaba. Creyó que se había meado encima. Era, sin embargo, la sangre que de manera copiosa manaba de su abdomen. El vuelo de unos tulipanes amarillos y un par de ruedas negras fue lo último que vio. Las ruedas negras de la motocicleta que lo había arrollado.

EL FAUNO Y LA CHICHONA

A ENZA GARCÍA ARREAZA

El placer se asimila a sí mismo; acaba con confundirse con otro,
y no es jamás infinito. El dolor no se parece a nada, ni a él mismo
un segundo antes, ni a otro dolor, no se repite nunca, y puede prolongarse
sin medida en extensión y en profundidad.
ANTONIO GALA, *LA PASIÓN TURCA*

FRANCISCO, EN SU CONTUMACIA de emular a su mamá, daría una fiesta a los viejos amigos. Una sin parangón, sin precedentes en los anales de la etiqueta caraqueña. Faltaban pocos minutos para recibir a los primeros concurrentes. En el rellano del segundo piso de la mansión Inciarte, que como un fino arcaduz de porcelana desaguaba en un enorme ventanal, miraba el árbol donde despidió, hace 30 años, privado del llanto, a Daveida. Entonces era un niño como cualquier otro de la alta sociedad, fino y de pulidos ademanes, hasta el día que pisó un mercado popular. A la sazón no podía, ni por el milagro de un antiguo oráculo de sibila fenicia, columbrar que lo apodarían «Chichona». El remoquete vendría luego de que la adolescencia lo oprobiara esculpiéndole unos abultados tolondros en la frente, como dos cachos de ciervo. Una suerte de malformación que apareció casi en el mismo instante que descubriera la masturbación. Pero el onanismo nunca fue lo suyo. Otros eran sus placeres: mucho más primitivos y profundos. En cambio sí, desde su fuero interno, intuía el cambalache de género que lo definiría. No sería «Chichón» sino «Chichona».

Desde muy tierna edad, las aes le gustaron mucho más que las oes. En horas de recreación pueril, refugiado en la carpa inexpugnable de su mente, se solazaba poniendo al final de cada nueva palabra que aprendía la primera vocal del abecedario. Así, verbigracia, fue viciando su castellano: «cenicera» por cenicero, «cuerpa» por cuerpo, «cigarrilla» por cigarrillo y, por supuesto, «pena» por pene. Con esta última conjuró una extraña sinonimia que orzaría el viaje de sus fantasías y desdichas. Quizá mal presagio que lo condenaría. Los resultados lingüísticos, como entomólogo ante una extrañísima marabunta de hormigas Atta jardineras, lo engolosinaban al grado de embrollar tupidas madejas de oraciones que solo él entendía.

Daveida, su aya, negra barranquillera, comba de cobre, cuyas nalgas esteatopígicas, como dos lunas sin órbita, estremecían océanos y caminos, fue quien resolvió llevarlo al mercado cuando apenas sumaba dos lustros. Tenía que buscar, a propósito de un banquete que servirían sus patrones, un pedido en la carnicería. Ergo, no se atrevía a soltar en las fauces del ocio a su muchachito consentido, quien le aseguraba barruntar la existencia de fantasmas y seres fantásticos. Aparecían, según le contaba, cada vez que algo malo iba suceder. Él, que como jején zumbaba pertinaz a su alrededor, no dejó pasar el chance o salida no solo porque le temía a la soledad, sino también para tantear los goces de la vida adulta. O sea: retar al mundo exterior sin el brazo castrador de sus padres. Sus distracciones se limitaban a ir a la casa de sus abuelos, al club de golf y al parque Tolón por alguna estrambótica piñata. Por la delectación que le producían los espacios desconocidos juró, por un puñado de cruces, respetar la cortapisa del repentino paseo: no decir ni ñe a su mamá. Sabía que lo tenía prohibido. ¡Ay si se enteraba!

Bien asido a la mano de su cuidadora caminó, luego de montarse por vez primera en un autobús, al lugar. Tan tentador como aterrador, tan provocador como adictivo, se zambulló en esos pasillos que abanicaban un vaho a albahaca recién cortada, cebolla, vinagre, leche agria y pescado en anzuelo. Las tinieblas del mercado, compuestas por una mezcla de ofertas, caras ajadas de cansancio, mentiras y manipulaciones de compra, que se metían por las bocas de los vendedores y pregoneros para inundar las gargantas, lo aterieron al punto de hechizo y, no obstante, a empellones continuaba. Cada vez que fisgoneaba algún tenderete se perdía en el tiberio de hombres y mujeres que, con sus mercaderías de gallinas degolladas, ramilletes de yerbas milenarias y polvos mágicos, se afanaban no solo en escamotearle a su atávica pobreza una argolla de sus grilletes, de su saña, sino también en desgarrar a dentelladas su cuerpo desprovisto de futuros en claridad y progreso. Allí desenmascaró la miseria.

Sin darse cuenta estaba enfrente del chiribitil de la carne. Se entretuvo viendo la vitrina cuyas nieblas abrazaban los cadáveres de un cementerio frío de Irlanda: cabezas de cochino, lenguas de vaca, patas de conejo y demás cortes que destilaban sangre. Daveida lo jamaqueó para que emergiera de su estupor. Cuando levantó los ojos en busca de su niñera colisionó contra un delantal salpicado que, a medias, cubría las tetillas y pectorales del carnicero. Como salido de un aquelarre, era negro, con pinta de bugarrón y sonrisa de basilisco que chispeaba en el túnel del asombro. A paladinas mostró su fascinación. Unas oscilaciones profundísimas lo mecían al mareo, como las aguas jabonosas a los barquitos de papel que ponía a flotar en su bañera. El hombre, que por excepcional le parecía el más bello entre todos, no pudo despedirlo. Sin saber cómo, había regresado a su casa ciego y mudo. Cruzaba el salón cuando un grito fuerte y repentino, como un papirotazo, hizo estallar el sigilo.

—Daveida, ¿dónde estaban? —espetó su ama la ironía luego de comprobar la bolsa sanguinolenta que delataba la ausencia.

—Señora, yo... —no pudo rumiar sus disculpas por una brusca interrupción.

—¿Cómo se te ocurrió sacar a mi hijo sin permiso? Al servicio no se le puede tratar bien y menos dar confianza. Francisco Inciarte no va a mercados para que lo rocen negros hediondos —disparó sin reparar en el color de su empleada: marrón como un chocolate sin leche de Carenero—. Esto es una falta gravísima. Después de la comida recoges tus cosas y te largas a primeras horas de la mañana. Y ve a la cocina que no quiero ver la grasa de tu cara.

El niño en supitaño gemiquear le rogó a su madre no botarla, mas no atendió a sus súplicas. Con una mueca de obstinación le dio la espalda para preparar los afeites que la adornarían en la cena. La cascada de luz, que separaba la sala principal de las escaleras, no había terminado de engullir la estampa salerosa de su progenitora cuando una miríada de interrogantes lo hizo tiritar de pánico. ¿Quién lo mimaría cuando las borrascas reventaran en centellas debajo de su cama? ¿Quién espantaría del clóset a los faunos con cuernos de oro que lo buscaban para llevarlo a los prados de trigo en los que reinaba un brujo sin cabeza? ¿Quién le enjugaría las fiebres con que Circe lo abrasara para convertirlo en ratón o cucaracha? ¿Quién lo amaría entre guerras de mariposas y besos de mangostas? ¿Quién?

Esa noche, mientras las risas de la algarada familiar se colaban por grietas y cerraduras de puertas, su adorada guardiana se acostaría con él. Lo arrimó a su pecho para aplacar los hipos que lo ahogaban dándole golpecitos de inventada paz. En tanto lo arrullaba, una de las tetas se escurrió por un lado de la saya: enorme se derramaba a las costillas. Francisco la acechó con ascos y, sin embargo, un tirón debajo del pantaloncito a media pierna de su pijama se abotargó. Por un instinto animal, osuno, sacó la lengua y la chupó. Con cada succión, el pezón se mullía, se esponjaba en suavidad de algodonal. Se hubo dormido en un sueño en el que un tritón de grises barbas encallaba en una playa turbia. De pronto, dos lobos, en cuyos hocicos una luz roja se quebraba, lo atacaron, lo zamarrearon hasta desprenderle las aletas. Se despertó y ya Daveida no estaba en el cuarto. Tampoco sus batas de colores ni su uniforme ni la maleta de mimbre que resguardaba sus poquísimos enseres.

Saltó de la cama y corrió al mismo ventanal desde donde ahora espiaba no solo los tejemanejes finales antes de comenzar la *soirée*, sino también el árbol que enraizaba sus recuerdos. Creyó haber visto entre las ramas unos destellos amarillos. Hacía mucho que los fantasmas no le chismeaban desgracias. Sí, ya no era el niño tímido que empalidecía en la penumbra sino el maricón, «La Chichona», el que, en venganza, una vez cumplidos los 18, visitó a escondidas, en decenas de oportunidades, el mercado que conoció junto a su nana –holograma sepia pero incorrupto– para encontrar al carnicero que lo obnubiló hace tanto. Al final de una tarde, imposible saber la fecha exacta, en una de esas escapadas furtivas, dio con un mercader de huevos. Era feo pero robusto. Su cara marchita y empolvada de cáscaras rotas parecía el cráter de un volcán por las huellas de un acné pasado. Lo contempló con tanta sujeción que el extraño le hizo señas. Entró al cuchitril y, sin mediar palabras, el hombre lo arrodilló. Se desabrochó el pantalón de overol para alargar su orgullo tan oscuro como aquel pezón de su primer contacto sexual. Los arroyos tibios profanaron la infantil evocación.

—Doctor, ya están llegando los invitados –dijo uno de los mesoneros, a quien no había sentido llegar.

—Voy –respondió lacónico. Antes de bajar para dar la bienvenida volvió al ventanal. Los brillos dorados los erizaba un fauno que intentaba esconderse de su mal augurio.

INRI

A reglón seguido se explayó sobre la naturaleza del sufrimiento, declarando,
lisa y llanamente, que un cuerpo privado del dolor no es un cuerpo sino
una piedra. A mayor capacidad de dolor mayor vitalidad.

VIRGILIO PIÑERA, *LA CARNE DE RENÉ*

No había notado tu humanidad, aun cuando mi madre, Mercedes, desde muy temprana edad, fermentó en mi conciencia el desdén hacia los hombres gordos. En mi majadera infancia, una y otra vez, fastidiosa, la escuché censurar a sus hijos ora en una piñata, por un sanduchón en la boca, ora en la casa, por una merienda de azúcar y chocolate: «Niñitos, no coman tanto, los gordinflones son infelices». La cantaleta, fósil brillante que ha permanecido incorrupto en mi memoria, como para no olvidar mis martirios, me ha acosado sin piedad incluso en esta fiesta. Y, sin embargo, no te vi. Era casi un hecho imposible no hacerlo. Me contaron que, cuando atravesaste la barra para pedir una cerveza, no hubo cara que no volteara a mirarte. Es que esos cachetes tan redondos y lisos, ese pelo rulo que trenza heteróclitos remolinos, esos ojos saltones y bizcos que se entrecierran con los albores de estío, no pueden pasar desapercibidos. ¡Ay! Y esa camisa de cuadros negros, rojos y verdes, un verdadero *faux pas* de la moda; Joan Rivers con una Glock calibre 40 en la mano, seguro, seguro, te habría disparado. Y, sin embargo, yo no te vi. Mi ignorancia y falta de conciencia, como un silencio suspendido, como esos vientos que agitan la tela turca organdí, me ayudaron milagrosamente a no sorprenderme cuando al fin te descubrí.

La parranda había discurrido entre coqueteos con algún galán de paso, *gin tonics*, el juego mental de mi educación materna –su desprecio a la obesidad– y mi recurrente pensamiento de cómo asesinar a Manuel A. El hombre que, dos semanas antes, me había jurado amor eterno y, por arte de algún prestidigitador más virtuoso que yo, se esfumó –obvio, sin previo aviso–. Con los sorbos de ginebra, escuché, pese a la borrachera que a mujeriegas cabalgaba a mi alrededor, otra de las regañinas, o más bien acechanzas, de mi progenitora: «No te mezcles con gente que no es igual que tú». Ella la rumiaba a manera de lección cuando todavía no distinguía entre pobreza y riqueza, belleza y fealdad, oscuridad y claridad. Mercedes siempre ha enarbolado un maniqueísmo sobrecogedor: para ella era blanco o negro. Su máxima retumbaba en ecos en las buhardillas de mi psique y avivaba aún más mi sed asesina. Vagué por entre decenas de opciones delictivas. ¿Cómo armar un crimen perfecto? Para eso era necesario no dejar huellas dactilares; armar la coartada; buscar personas que atestiguaran a mi favor; evitar las salpicaduras de sangre, piel, mucosa o cualquier otra partícula que contuviera ADN y, por supuesto, fingir gimoteos por un cuerpo al que odiaba con flaca prudencia.

Al cuarto vaso, en tanto mi cordura se volatizaba como los grados alcohólicos, lo que había comenzado como un instinto de desquite devino masacre y tortura: quería a mi traidor en una hoguera mientras sus carnes se chamuscaban con los chispazos divinos que expiaban mi dolor. Un acto tan macabro como redentor que me resarcía y lo resarcía a él por su perfidia. Que las llamas me purificaban cuanto más lo convertían en polvo. Que los brazos de fuego amarillo y rojo se doblaban y alzaban como picotas. Que lo penetraban para sembrar allí, en su pecho, el arrepentimiento y la culpa –amén de la anoxemia y la hipoxia–. Cuando empecé a chupar los hielos de mi vaso, el fogonazo se hubo extinguido. Vislumbré a mi examante, entre las cenizas, que hacían las veces de un cómodo féretro del pasado. Vi su cuerpo que arrebujaba dulcemente la necropsia. Estaba borracho. Alucinando. Fui a hacer pipí.

Una hora después en el jolgorio, te advertí. Confieso que lo que raptó mi atención no fueron tus carnes pendulares, no. Tampoco tu espantoso *outfit* de «punketo» perdido en Venecia, no. Fueron tus ojos: semejaban dos flechas inyectadas en sangre. Eran tan saltones y puyudos que irradiaban una fuerza atemorizadora –que tú desconocías poseer–. Había en tu semblante cierta extrañeza, lo mismo que delicadeza. Un rictus de patíbulo y recogimiento. Claro. Tenías miedo de que hicieran befas de ti una vez más; miedo de reconocer que eres un tipo raro, además de mofletudo y mal vestido; miedo de no ser jamás pretendido. Miedo de que tu sudor ni siquiera te hiciera humano como el mío.

Al frente del urinario, te observaba en tu íntimo quehacer. Solos tú y yo en el baño, con la música de nuestros arroyos perdiéndose en los desagües, empecé a enamorarme de ti. Ya a punto de levantar mi faena, tronaste. Por debajo de tus pantalones, tus nalgas –de seguro circulares y peludas– tartajearon sin tiquismiquis. Sí, no te importó. Tampoco a ellas. La ventosidad salió de tus entrañas para inundarme. No hice un gesto de asco. En un santiamén, entramos en un espacio íntimo en el que era muy fácil transgredir los límites entre lo privado y público. ¿Qué era mío y qué era tuyo? Míos: la humillación, el silencio, la complicidad. Tuyas: la bizarría, desvergüenza e impunidad. Me infligiste una pena difícil de impugnar: reconocer que nos conocíamos mucho más que a cualquier otro en esta fiesta. Por haberme robado el derecho consuetudinario de la privacidad, desde ese momento tú y yo estaríamos unidos, acaso de por vida.

Tu insolencia y sanción, no obstante, me ayudaron a romper el sino al que me había sometido Manuel A. durante el tiempo que estuvo a mi lado: pedorreras, eyaculación precoz y micropenia. Por muy humillantes que fueran, podía olvidar estos tormentos. Gracias a tu magia y fetidez, en un dos por tres, aplebeyé mis ganas homicidas para darle paso a una más sencilla e infantil *vendetta*: divulgar entre propios y extraños mi deshonra. Así fui apagando, poco a poco, la lumbre, brasas y candela que imaginaba antes de nuestro encuentro. Ya no quería incendiar al que me había abandonado. A la sordina, susurraban sus súplicas de perdón, estertores y llantos. Lo quería, y quiero, en plenitud para ponerle el INRI. Me dejó, sí, pero él nunca podrá deslastrarse de su pequeño sexo ni de su colon irritable. Esos serían los peores castigos y saberlo me alegró tanto que ascendía en nubes y musarañas. Cuando dejé el servicio, tú ya no estabas, tampoco la estela de tu tufo.

Afuera, envuelto en la euforia de mi triunfo, debajo de las luces estroboscópicas, te volví a ver. Trastabillé y caí de bruces sobre ti, sobre tu camisa de cuadros negros, rojos y verdes, que para rematar era de poliéster. Cuando me incorporé, antes de descender las escaleras de salida, me volteé y te dije:

—Por cierto, me encanta tu pelo rulo.

EL PRENDEDOR

A MI ABUELA CLEMENTINA

A ANTONIETA JURADO

FALTABAN DOS DÍAS para la «Gran Gala de Beneficencia» y su fundadora, la piadosa Elisa Van der Biest, invitó a sus tres mejores amigas a jugar canasta y afinar pormenores. Las señoras Marina Beldfort, Clementina Campo Elías y Beatriz Rubens llegaron juntas en el carro de la primera. El trayecto, sin embargo, había sido muy incómodo por alguna desazón que aquejaba a Marina. Por sus modales toscos y poco elegantes hacia Beatriz –también extraños por el estoicismo del que se ufanaba por su herencia galesa–, Clementina concluyó que una ojeriza acendraba en su contra. Para no desbocarse en banalidades y otras conversaciones baladíes, optó por morderse la lengua y pasar el rato en suposiciones. No dejaba de fabular historias de rivalidades. «¿Qué hostilidad las separaba?».

En su casa, Elisa las esperaba con un séquito de criadas. Una mesa espléndida emanaba un aliento de dulzor y almizcle: eran los *petits fours* que, como las Pléyades, brillaban en un firmamento de menta y chocolate, naranjas y almíbares, violetas y café tostado extendido en manteles de Marruecos. Hechos el recibimiento y los respectivos besos en ambas mejillas, señaló los asientos con un movimiento circular de peonza. Marina y Beatriz se situaron una al frente de la otra mientras Clementina le daba la cara a la anfitriona. Así jugarían los contrincantes: en dúos. Al cortar el mazo de naipes, la señora Beldfort preguntó por los vestidos que las ensalzarían en la gala. No había terminado de solfear la interrogante cuando disparó la primera de muchas infidencias en contra de su compañera de equipo.

–Beatriz, no te vayas a poner ese trajecito negro de dos piezas. Está gris de tanto lavado. Ese será un momento también para la moda y no puedes pasar desapercibida –sonrió para disfrazar con un giro de petimetre el veneno que la emponzoñaba.

–¡Qué grosera te has puesto, Marina! No deberías hablar así. Un consejo no puede terminar en regaño o, peor, en humillación –intervino en filípicas la Van der Biest, quien no pudo esconder su asombro. Además, al par las sabía muy cercanas, ¿por qué entonces el dejillo que vibraba en la rabia, en el celo? Por ser la más noble y rica –entre otras aristocráticas iridiscencias, su padre era nieto de un conde belga–, las mujeres callaron, como cuando una maestra sermonea a su clase por una infantil insurrección. No se atrevían a llevarle la contraria. Era respetada y Marina, más que nadie, se sentía inferior a su lado. Acaso por eso la entronizaba, adulaba. También en soliloquios la envidiaba por sus perfectas posturas, hijos, peinados y, por supuesto, marido: Jorge Van der Biest, a quien conocía desde la infancia cuando ni imaginaba en convertirse en un descollado empresario de las telecomunicaciones de hoy.

En quimeras y ensoñaciones se había enamorado locamente de él luego de descubrirlo en las caballerizas del club. Mas no había ocurrido ningún acercamiento sino muchos años después en un torneo de paso fino –ya era íntima de su esposa–. El tiempo no había obstado para su entretenimiento equino. Hacía seis meses que él había participado en la competición y, gracias a su corcel palomino de pelo corto –era de color dorado, como un *chardonnay* joven pero robusto por el trote en barrica–, se había hecho con la medalla de plata. Por una abstrusa valentía, aprovechó el triunfo para felicitarlo. En el establo, la aparición casi divina la nubló hasta la ofuscación. Y allí estaba, de espaldas, acicalando a su caballo: ligero como la paja que amortiguaba sus pasos y herraduras; enhiesto en sus pantalones de estribos blancos y polainas negras hasta las rodillas, como la escultura de algún héroe que Thomas Carlyle biografió; satírico como un dios pagano que derramara sobre la tierra el maná de su fornicación. Se acercó en devaneos.

–Hola, Jorge. No sé si sabes quién soy: Marina. Hace mucho hicimos equitación juntos. Además, soy amiguísima de Elisa.

Cuando se volteó, ella no pudo ocultar la sorpresa: su mirada, con la celeridad de un guepardo tras su presa, persiguió la tela que delataba el bullón por debajo del abdomen.

–Claro, chica. ¿Cómo estás? –se rascó la cabeza por encima de la chistera.

El olor a cuero, lluvia y bosta fue despojo de su tesitura de dama encopetada para despeñarse en los brazos de aquel centauro que la montaría allí mismo, nada maturrango. Sudaba, sudaban, los gemidos se perdían por los relinchos de los animales. Las crisálidas que se aferraban a la madera enmohecida, lo mismo que sus callos y morbideces de la edad adulta, se hacían aguas. Poscoito y manantial: el renacimiento o la resurrección no implorados. Desde entonces fueron amantes. Desde entonces soñaría cada madrugada con esas gotas de sudor que eran diamantes engastados en ese cuerpo que no era más que relicario. Una vez por semana fijaban el encuentro que no solo los inculpaba de infieles, sino que también burlaba la rectitud y entrega de Elisa. Marina, por su comportamiento de puta en ascuas, coludía su cariño, pero más podían las contracciones y brincos templados del semental. Las correrías, no obstante, le durarían poco. Hacía más de tres semanas que Jorge le sacaba el cuerpo. La había abandonado sin dar porqués. En tanto se sumergía en la culpa e intentaba convencerse de que era lo mejor por sus respectivos matrimonios –y por la amistad–, los azares le descorrieron la razón del rechazo carnal.

Una noche de plenilunio, en los jardines norte del club, Marina daba un paseo junto a su sombra. A pocos metros, en la frondosidad y hojarasca de unos bucares de hojas tiernas, Jorge zanqueaba en movimiento remiso. Le parecía extraño por lo determinado que era. Se ocultó entre unos bambús y se distrajo ante el vuelo de un abejorro. Cuando se reincorporó no halló sino a Beatriz subiéndose la falda corta de tenista para pelar los gajos de su fruta madura. Por haber sido testigo de esa escena, que era como un pasaje inmarcesible de Lawrence, un rescoldo que se convirtió en fuego rabioso animó su odio hacia Beatriz. Con su carita de mosca muerta, de esas que no parten un plato, le arrebató a su jinete. ¿Cómo la trataba? ¿Espléndida? ¿La cortejaba con costosos presentes como a ella? ¿Era única o solo una más de su larga lista? Se disuadía de haber sido para él solo un juego caro; la cortesana que un hijodalgo del siglo XVIII enamorara con prescindibles chucherías o costosas alhajas. «No», se decía. «¿Por qué me obsequió un prendedor de brillantes y un zafiro si no me ama? Porque me quiere. Me quiere mucho. La otra es solo una zorra sin trascendencia», se pagaba y daba el vuelto.

—Disculpa, Beatriz. He estado un poco antipática. Nada personal. He tenido una semana complicada —desgranó la añagaza que guardaba sus verdades.

—Al fin. Dicho esto, empecemos la partida —quebró la tensión la señora Campo Elías, a quien la tarde le parecía una cerrazón cargada de fatalidades.

Repartieron. Dos o tres movimientos de tahúr fueron suficientes para desconcentrarse. Una de las sirvientas, a la hora de servir los pequeños sándwiches de queso emmental y hongos, derribó una taza manchando la braga de la Beldfort. La señora Van der Biest amonestó a la muchacha, que temblaba como una telaraña agitada por los vientos de otoño.

–Querida, ¿te acompaño al tocador?

–No es necesario. Puedo ir sola –repuso Marina picajosa.

–Al menos ve a mi cuarto de baño. Lo conoces. Es más amplio y cómodo. Allí está mi secador –ofreció para eclipsar la molestia.

Enmantillada en furia se encerró en el servicio, cuyo piso de mármol gris relucía. Se sentía sucia por haberse quitado la ropa en el mismo espacio donde lo hacía Elisa, donde tantas veces habría hecho el amor con su legítimo hombre, y ella deshonrando aquel santuario. Se le atragantaron unas ganas irreprimibles de confesar su traición. Arrostrar su crimen y, con las consecuencias, como un alud de nieve en picada, asolar a Beatriz y su «ardor en la sangre». Se calmó para remojar la zona afectada. A su espalda colgaba un espejo de pared entero con unos focos de luz blanca que nimbaba su piel semidesnuda. Deseaba que Jorge la pescara en *lingerie* de encajes. Removió los cajones para buscar el secador. No fue sino en el segundo, debajo del lavamanos, que floreó la maldita serendipia: en lugar del artefacto soplador dio con un prendedor exactamente igual al de ella, una concha de oro blanco con nueve brillantes en cuyo centro se aquilataba un sublime zafiro de agua. «¡No puede ser! ¿Este embustero les va dando la misma joya a todas sus perras?», se dijo. Esto era mucho más de lo que podía tolerar. Una cosa era ser una entre miles y otra llevar la marca de la promiscuidad guindada en el pecho. Enferma por un germen delincuencial, lo sustrajo y metió dentro de su corpiño.

La velada terminó como de costumbre: unas ganaron y otras perdieron. Poco se dijo de la Gran Gala, allende acordar el reconocimiento que recibiría la mejor vestida: un botón de plata y una ovación en plena tarima. Se despidieron sin carantoñas.

Después de dejar a cada una en sus residencias, la señora Beldfort, en la protección de su hogar, maquinó el perverso plan. A pesar de que no podía saber si ya tenía uno, le mandaría, aún a riesgo, horas antes del fausto evento, el prendedor a la Rubens con flores y una nota firmada por Jorge. Como él era de pocas palabras, la transcribiría en la computadora para no levantar suspicacias. «Úsalo en la gala». Escogería, asimismo, unos atavíos discretos para no llamar la atención y así no ser ella la premiada. También telefonearía a Clementina para compelerla a la modestia, apelando a su refinamiento clásico.

Por las demás asistentes no se preocupaba porque ellas cuatro siempre se granjeaban las miradas de sus entornos. En el caso de Beatriz, la lisonjearía y recomendaría llevar su estola de piel de chinchilla, sin duda un bello modelito del que gustaba.

Así lo hizo.

Llegó el día. Elisa tomó de su *vestiaire* un sobrio traje tipo esmoquin que realzaría con el broche —regalo de aniversario cuando hubo cumplido un año de feliz unión. Puso la habitación, armario, caja fuerte y joyero patas arriba y no lo consiguió. Interrogó a la servidumbre —que en moqueos aseguraba desconocer el paradero—. Rememoró jornada tras jornada, los invitados que había recibido, las cenas que había degustado, las amigas que la habían acompañado. No podía, ni por un resquicio, sospechar de alguien. «Seguro se me cayó la última vez que lo usé. Pero juraría haberlo puesto en una dc mis repisas...», pensó. Se sentía abatida, pero blindaría el secreto.

En la gala, por tratarse de una ocasión para la caridad y buenas obras, el público mostraba sus expresiones más alegres y cordiales. Se celebró una subasta de pintura, cuyo recaudo se destinaría a una institución de niños con cáncer. Marina reconoció a Beatriz pese a las risas y saludos; detrás estaba Clementina haciendo las veces de valet. Sin duda era la más bella: recogió su pelo castaño en un moñito de cebolla, como el de una bailarina en *El lago de los cisnes*. Se engalanó con una túnica larga a media pierna, verde esmeralda, y, sobre sus hombros, se desparramó la estola cuyos cabos unió con el famoso prendedor. Ninguna había podido estrechar a la señora Van der Biest, quien, en su ajetreo de organizadora, llamaba a los caballeros a votar por la más distinguida. Al cabo de veinte minutos, tenía los resultados en un sobre rojo. Agarró el micrófono de la tarima y, sin afectar, leyó:

–Ha habido un empate. Las elegidas son las señoras Beatriz Gil de Rubens y Marina Beldfort de Sanz.

La segunda al escuchar su nombre casi se desmaya. Un soponcio la meneó. Un aceite frío la embadurnaba hasta en las tripas. ¿Cómo su taller negro y escotado a la espalda, la mar de sencillo, la había puesto en esa situación no prevista? Entumecida, no podía dar un paso. Su marido la hubo de empujar. Ella susurró: «Pero mis fachas...». Las ganadoras subieron los escalones juntas. Arriba, en el podio, las tres se besaron como de costumbre. Elisa, con los botones en las manos, con la intención de enganchar el primero en la piel de Beatriz, reconoció su preciado bien hurtado. Abstraída, anonadada, como en una entelequia, se olvidó de su alrededor. Dijo en voz alta: «Este prendedor es mío». El micrófono replicó en agudos el aserto y, en seguida, una exclamación ahogada contagió a la audiencia. Se lo arrancó de un tirón que, por la fuerza, tumbó a Beatriz. Marina, de vuelta en sus cabales, libre de la contemplación, sacó de su *clutch* el otro ejemplar. «Este también es tuyo», extendió. Las dos buscaron entre el telón de caras largas a Jorge. Sin pronunciar una sílaba más, Marina se bajó del escenario. La gente, con un mohín de consternación, le abría paso, como un fenómeno de circo.

Salió de la sala. Afuera todo era gris y húmedo: llovían crisálidas que, al tocar el piso, se hacían aguas.

LA QUE MANCHA EL FUTURO

EN UNA PLAZA DE SAL

Serías mío desde el día que convenimos nuestra primera cita –aunque hoy no sepa si anatemizar o bendecir al Eros cibernético que nos flechó con las utopías de las redes sociales–. Los días anteriores, a lo que yo he llamado «la gran invasión al cuartel de mis sentidos», me debilitaba en mi apartamento en ese loco afán de abominar el mundo. El contacto con otros me engendraba un repudio asqueroso hacia la humanidad, incluyendo la mía propia: tan mórbida, tan solícita a la podredumbre. Me atrincheraba en esas paredes que recluían mi olor a tabaco rancio; las emanaciones de ese sudor entre dulce y bacteriano de los interiores sin lavar; las exhalaciones del sexo fortuito que, al garete, muñían mi templanza o el anhelo a un último desembarco en el puerto del corazón. Era una noche blanca de pirotecnia. El cielo, minado de estrellas, se endomingaba con una echonería inusual, como si quisiera revelar los nombres de las galaxias que otrora protegiera de Copérnico y Galileo. Era sábado y, por el horario casi vespertino, pediste un vermut rojo. Había algo en ti, en ese momento, entre inefable y poético. Para mí imposible de sondear, catalogar. Ahora sé que es una de tus tantas insidias; el trampantojo en esa mirada provocadora que hace creer al incrédulo, al idiota, al no consagrado, una falsedad, una irrealidad de duermevela. Tus ojos, sin embargo, siempre saben lo que escrutan. Acechan y asechan. ¿Te he dicho que te envidio? Verbigracia. Como un hilo en una aguja de oro, engarzamos una conversación sofisticada de viajes, libros y paisajes, quizá también me dijiste el nombre de tu fotógrafo favorito y yo diserté de la honorabilidad de los apellidos de los reyes de Castilla y León. En esa plaza de sal en la que te conocí, estratégicamente siete pisos más abajo de mi apartamento, firmé la sumisión o rendición de mis pulsos. Como el vermut no fue suficiente para tu lengua cascabelera, libaste champaña y la última gota de saliva de mi boca. Desde entonces, sufro de una sed imposible de aplacar.

Dos semanas después y hubiste conquistado también mi casa. Eso eres: un despiadado conquistador. Quien conquista una casa con tanta habilidad y avidez puede, asimismo, conquistar un continente entero, sin tropas ni artillería ni caballería. No hay ofensiva que te detenga ni hado que te encadene. Los retintines de la cotidianidad, de lo doméstico, se doblegan ante ti. Tú domas las sartenes lo mismo que las sábanas, la pelmacería que se esconde en los clósets, la intimidad en las gavetas de la ropa interior donde, además, se guardan condones y vibradores. No te sacias, el hartazgo es una de las pocas palabras que desconoces. Ni tus diccionarios alejandrinos reseñan el detenimiento. Todo en ti es amplio, abigarrado y ampuloso, no solo por el gracejar de tus conversaciones banales sino también por el fuego que quemó nuestro lecho. De eso también me di cuenta tarde: cuando dejamos de acostarnos para hacer el amor, cuando adentro de tus delirios sodomíticos, en tanto exudabas ese olor a perfume caro, te dije que en tu calor me encendías la vida. Cambiaste mis muebles, mi biblioteca, la lámpara que iluminaba mis silencios y mis santos. Pese a que apostaté de la religión de mis abuelos, la fe de los viejos Estuardo, un San Antonio Abad acompaña la luz de mi vigilia. Cada remozamiento, cada disposición la recibía en plenitud –como sin rechistar me avine a tu mandato a la escritura–. Había dejado de escribir luego de que diversas editoriales rechazaran mi primer libro de ensayos. Al parecer nadie se interesaba por mis disquisiciones de libros y cine inglés. Solo tú confiaste y me aupaste en mi quehacer de Montaigne, en mis tropelías y evocaciones al grupo de Bloomsbury. Un domingo, pocos días antes de tu cumpleaños, sumido en una inusitada embriaguez inducida por el oficio intelectual, te supliqué: «quiero ser tu Virginia Woolf». La máxima te produjo una risa estruendosa que con los años entendería su significado: «ni lo sueñes». Por tu reacción, no sería sino Leonard, no solo porque mis plumas, lápices y dedos sobre este teclado no acariciarían jamás tu virtuosismo, sino también porque, con ese anhelo, por la superchería del destino, conjuré la prematura desgracia de nuestra relación: la enfermedad que socavaría, como un río subterráneo en los Balcanes, la robustez de tu mente. Refrené mis presentimientos. No hice caso a tus comportamientos tampoco. Me desoí porque continué en mis escarceos literarios mientras tú, con toda tu constancia y dedicación, te entregabas a ese segundo libro de cuentos que la crítica luego ungiría de gloria y encomio.

No había querido ojear una de tus fábulas. Como cuando el oncólogo certifica que la ronchita que tanto escuece al lado de la tetilla izquierda es cáncer, temía confirmar tu genio. La primera vez que te leí con exhaustivo esmero, aguzando los sentidos para desentrañar el embrujo, te maldije. Esa manera tan tuya de hacer confluir palabras con sentido y ritmo. Esas sinfonías que compones, pintas, narras y que yo jamás podré componer, pintar, narrar. ¿Te he dicho que mi abuelo materno se llamó Piotr Belokúrov? Pues por momentos he querido empuñar la hoz de mis antepasados rusos y degollarte de golpe para luego conjugar, libre de la ubicuidad de tu aliento, el verbo degollar –yo degüello, tú degüellas, él degüella–. Sí, con sus diptongos y diéresis, en todas sus formas, tiempos y personas y así sentir, con tu cabeza desprendida de tu cuerpo frágil de Gorgona, que al fin una palabra, una sola palabra, al menos una, es mía y no tuya. He estado a la zaga de ti, de tus éxitos. Los he velado. He testimoniado, en las ranuras de salida, en las puertas traseras donde entran los arrieros y proveedores no invitados a las fiestas, los espaldarazos y zalemas que te han atiborrado. Y cuando la vergüenza o la culpa te ardían, como el verdugón después del castigo a palos, volteabas para que te rescatara del brazo adulador de alguna loca sabionda y quitamotas que afectaba su voz creyendo que, machita, te enamoraría. «Te presento a mi novio. Es un ensayista maravilloso», soflamabas con frivolidad para terminar el agobio que te fastidiaba; no me buscabas para darme el puesto de ensayista que yo tanto ambicionaba, sino para enmascarar –con las morisquetas de tu entrenado alter ego: un actor de vodevil– el tormento que, con los años, te aquejaría: la gente.

El terremoto inicial, que te derrumbó e hizo de tu sistema nervioso escombros psíquicos, ocurrió en nuestro matrimonio. Nos desposamos porque tú querías. ¿Te gusta aquí desposarse en lugar de casarse? Verbigracia. Siempre he satisfecho cada uno de tus caprichos, incluso los lingüísticos. Durante los preparativos, el caleidoscopio de tu humor, tan cambiante como disforme, te sometió a una tensión que solo se aflojaría en la zapatiesta del casamiento. Se celebró en la campiña de Aragón; tal como dispusiste fue de día, durante el equinoccio de primavera. La cornucopia de bodas se desbordó de dones y lujos: no faltó la ginebra, el *champagne*, el ron, las frutas amarillas y verdes; las flores campestres, nada tupidas, con pocos pétalos, sin rizar fragancias más que las de la tierra húmeda; el menú de cacería a base de cochinillo, pato y conejo, salmorejo y papas rústicas que azuzó apetitos y una mesa de dulces que hacía gulusmear hasta al menos hambriento: compotas, mermeladas, mieles, bizcochos, turrones y granadas. Después de los respectivos sí, que sellaron el pacto conyugal, desapareciste. Tu vacío reinó y eclipsó el festejo acaso porque el rey coronado había dejado entre los concurrentes y pueblo llano el miedo, la incertidumbre. Husmeé posibles guaridas, registré cuartos y otras esquinas, curucuteé en la alacena lo mismo que en las fuentes y veneros. Cuando di contigo estabas arrodillado, detrás del huerto de la masía que habíamos alquilado para la ocasión, vomitando tus miedos y tratando de expeler el bulbo venenoso que aún hoy tienes adherido a tus tripas. Como Perseo a Andrómeda, te rescaté del mar de secreciones y bilis. Solo te disculpaste. Tartamudeabas mientras me explicabas el agobio que te opacaba. No podía entender tu turbación, dudé de tu amor hacia mí y hasta creí que era un *show* para llamar aún más mi atención. ¿Qué más atención mía si ya te había entregado mi perturbada soltería? Verbigracia. Te hice el amor entre el vómito, las cebollas y las habas –que los gatos negros lamerían.

Ese fue el primer ataque de pánico de los cientos que he presenciado en primera fila. La vida en pareja devino convulsión, vahído y enfermería. Nuestra cotidianidad aceleró tu padecimiento y yo, como un perro que amorra el hocico a su amo, me incliné siempre para tu salvación. Luego de descubrirte en tus monólogos en voz alta, te interpelé. Saber el porqué de esas conversaciones con la nada, el vacío, frente al escritorio, el balcón, la poceta, me apremiaba. Me urgían respuestas y tú diste, sumido en ataraxia poética, la más imposible de contravenir: «Son las voces que me hablan y les respondo; las que me dictan las historias que escribo. No soy yo quien las cuenta, sino ellas. Escribo porque es la única manera de vaciarme, desendemoniarme». Sin embargo, te obligué a ir al médico, quien refutó mi tesis de esquizofrenia y, a cambio, diagnosticó una neurosis elevada y en crisis por tu resiliencia ante el estrés de la publicación de tu primera novela. El título fue un fracaso no solo en ventas sino también en crítica. Por no estar acostumbrado al rechazo, en lo sucesivo, se intercambiaron los ataques de pánico por la paranoia y la paranoia por la enoclofobia.

La manifestación de esta nueva enfermedad floreció en el metro de Madrid, luego de que leyeras un artículo que mal ponía tu libro. El encierro sobre esa caja de rieles, en cuyos espacios corría el hálito de una ciudad en perenne movimiento, cristalizó el maldito tormento.

Tenías cita justamente con uno de tus editores; en el vagón diste con las páginas de cultura de *El País* que hacían pública la desfloración de tu noviciado. La pluma afilada y despiadada de Zanón trucidó la poca cordura que aún resguardabas. Entre otras cosas, el periodista lamentaba la estrechez de los personajes, la tensión de paja que no soportaba el peso de la historia, las comparaciones con una novela de neófito para un autor de trayectoria y experiencia como las tuyas. No puedo imaginar las palpitaciones de tu cuerpo, el estremecimiento, el frío de cuchillo que te recorrió desde los testículos hasta las encías –dices que escribes con la piel–, la hiperventilación de triturador. Te desplomaste en Tirso de Molina. Hube de llegar en tu auxilio, acatando una vez más a tus gritos, al recibir una llamada de un desconocido que aseguraba tenerte recluido en un cubículo de la estación so pretexto de un posible colapso mental.

Cuando te encontré, la imagen fue más perturbadora. No fue un desvanecimiento sino un verdadero *thriller*: sangrabas por la nariz, te habías roído con los dientes las cutículas, las uñas, te habías desdibujado las yemas de los dedos a punta de mordiscos de antropófago y una película de moco enceraba tus mejillas. La única manera de salir del subterráneo fue en ambulancia y con una inyección de anestesia. Pasaste una semana bajo supervisión médica, que culminaría en terapia sicológica. Mas ese aparente fracaso, que desató los delirios de quien teme a la chusma y muchedumbre, sedimentó tu triunfo como cuentista; a contrapelo los opinadores pronto no dejarían de condecorar y ponderar tus pequeñas narraciones. Algunos redactaban elogios poniéndote como ejemplo del cuento moderno latinoamericano. Estabas tan ido en perversos pensamientos de quejica, que te resbalaron cada una de esas apreciaciones. La convivencia en casa fue cada vez más insostenible. No había forma de sacarte de tu despecho, ni con el sexo: más frecuente y furioso y sucio. Yo, como una gardenia sin agua, me marchitaba en tu desierto de inmisericordia. Me volqué a tu cuidado, a enjugar llantos y fiebres. Ya ni siquiera figuraba en tu mundo, había dejado el segundo plano de tus alegorías y mapas para convertirme en el productor y recoge cables de tu nuevo melodrama.

Te detesto pero no ambiciono tu muerte. Al contrario, te deseo acefalía, desgobierno, desorden, anarquía, expulsión de la Arcadia que te proveí. También el cisma final de nuestros cuerpos y mentes. Robarte la seguridad que te he brindado con entrega de carmelita y obligarte a indemnizar mi espíritu por el peso de tu despotismo. Te deseo que aprendas a resolver tu falta de practicidad sin mi sombra, sin el bastón de mi pecho, sin la paciencia y la dedicación a lo Leonard. No quiero que mi biografía, si acaso alguien llegara a interesarse en inventarla y colgarla en Internet, se asemeje a la del fundador de Hogarth Press. La antimetódica, poco seria y chapucera Wikipedia lo reseña: «Leonard Sidney Woolf (Londres; 25 de noviembre de 1880 -14 de agosto de 1969); teórico político, escritor, editor y antiguo funcionario público británico, pero quizás mejor conocido por ser el marido de la escritora Virginia Woolf». Esa última línea, «quizás mejor conocido por ser el marido de la escritora Virginia Woolf» truena en ecos en mi mente por la injusticia e ilicitud. Sin sus cuidados y abnegación, Virginia no habría escrito su obra; incluso no se habría suicidado. Entre líneas, se oculta el mensaje en su carta de despedida antes de naufragar su enclenque bastión intelectual: «No puedo luchar más. Sé que estoy destrozando tu vida, que sin mí podrías trabajar. Y sé que lo harás. Verás que ni siquiera puedo escribir esto adecuadamente. No puedo leer. Lo que quiero decir es que te debo toda la felicidad de mi vida». Pese a todo este recuento de maltratos de cinco años, también te debo toda la felicidad de mi vida. Como verás, yo tampoco puedo escribir adecuadamente. Pero antes de entrar en la escaramuza de la partida, cobardía o valentía final, prefiero ser yo quien te quite ese último privilegio de la despedida.

Albert Gallardo Belokúrov

***

A tu velorio asistieron amigos, familiares y escritores –que no pudieron verte por la desfiguración y fractura total de tu cuerpo–. Sollozos a ataúd cerrado. Estoy sobre los siete pisos desde donde observo la misma plaza de sal que sujetó tu caída libre de paracaidista. Un mes después, publiqué tu relato suicida en una prestigiosa revista literaria. Gané un premio, pero también la fama de tu infamia.

MOTES EN DONDE ESCOGER

La aclamación fue unánime. Todo el mundo se dirigió hacia la capilla
y sacaron en triunfo al bienaventurado papa de los locos y fue entonces
cuando la sorpresa y la admiración llegaron al colmo...
VICTOR HUGO, *NUESTRA SEÑORA DE PARÍS*

PIERINA HARÍA UN ÚLTIMO PASEO con Alejandro antes de enterarse de la grotesca noticia. Agarrada de la mano del hombre que esclavizaba sus calores, por el que combaba, como el rímel a las pestañas, sus voluptuosidades, se columpió por un jardín que olía a chamusquina. Por entre los brazos de los árboles, un manojo de luz cálida se filtraba para regar el vestido blanco que escudaba sus cinco meses de embarazo. Durante la excursión, que finalizaría en un parque de atracciones, desterró de su memoria los dicterios y reprobaciones de su padre, quien avivado por un presentimiento pagano le había advertido el riesgo que corría al salir con un sujeto casado y divorciado dos veces. Soslayó, sin embargo, los consejos de su progenitor y se dejó clavar, como ciega perdiz, las espuelas de su amante. Durante el último año, se acurrucó en sus brazos fuertes y esculturales, también en sus pectorales de troyano bien formados por horas y horas de arduo *workout*. Desató, pues, alimentado por el deseo, un amor incontenible y caudaloso que ni unos diques de mármol frío podían contener.

Antes de endomingarse y pavonear por las calles con el dueño de sus trasnochos y engreimientos, después de la ducha, se paró desnuda frente al espejo de la puerta del baño y, por primera vez, deseó no tener la barriga hinchada. Acarició con sus dedos suaves, como pinceles, y pintó, con tinta invisible, las estrías que la surcarían después del parto. Era muy joven para tener esas grietas. Y era muy joven para acunar en su pecho a una cría. Pero así era la entrega en su barrio: infantil, desbocada y precoz. Se ciñó su único vestido blanco de corte *halter* y fue al lavandero, mientras Alejandro ahorcajaba su sueño vespertino. Terminaría de lavar la ropa de la semana.

Al momento de meter los pantalones en la lavadora, tropezó con una nota. El guiño, arrugado y escrito en un papel amarillo, contenía un mensaje que no era para ella: «Te espero mañana donde siempre». La breve esquela, sin comas ni puntos, pateó sus entrañas. La dislocó. Creyó que rompería fuente. Incluso lo deseó porque así le arrebataría el «mañana» a la persona que la hubo escrito. ¿Ese «mañana» es hoy? ¿Había ocurrido? ¿Ocurriría? Reprimió su llanto para no despertar a Alejandro, que tanto se enfurecía si interrumpía su siesta. Tampoco lo reñiría ni ardería en apóstrofes porque respondía agresivo ante sus reproches. Su silencio era venia y consentimiento para que continuara con sus correrías de promiscuidad. Y las prefería antes que estar sin él. Antes que sumirse en la escasez de la soledad. Antes que rasgar sus ojeras de tanto llanto. Además, ¿con qué derecho? Ella siempre sería la otra, la querida, la barragana. Para aplacar su desgracia, en tanto su galán orquestaba una sinfonía de ronquidos y exhalaciones, tomó su viejo ejemplar de *Nuestra de Señora de París*. Leía en voz alta porque una vecina le había dicho que su bebé escuchaba. «Será muy inteligente de la mano de Victor Hugo», se decía la orgullosa primeriza. Retomó el capítulo en el que se develaba la identidad del protagonista de la historia. Con voz musical salmodió:

«Más bien toda su persona era pura mueca. Una enorme cabeza erizada de pelos rojizos y una gran joroba entre los hombros que se proyectaba incluso hasta el pecho. Tenía una combinación de muslos y piernas tan extravagantes que solo se tocaban en las rodillas y, además, mirándolas de frente, parecían dos hojas de hoz que se juntaran en los mangos; unos pies enormes y unas manos monstruosas y, por si no bastaran todas esas deformidades, tenía también un aspecto de vigor y agilidad casi terrible...». Dejó el libro para atender el llamado de su dios generoso y castigador, el todopoderoso de su personalísima religión.

Ya en el parque, sentada en un carrusel de madera –Alejandro evadía una fila para comprar unas barquillas tocadas con una tiara de helado–, se desperezaban su inquietud y angustia. ¿Quién había escrito esa nota? ¿Fue su esposa? ¿Cuántas amantes deshojaban sus veleidades y orgasmos en la cama de su novio? La caligrafía descuidada y recta hizo que dudara por un segundo del género. «¿Y si fuera un hombre?», elucubró. No era difícil suponerlo. Alejandro se ganaba las admiraciones de cuanta mariquita se partía ante sus tumbos viriles y desafiantes. Su robustez y hombría los inflamaban... y se inflamaba él, cuyo ego hacía las veces de febril y efectivo afrodisíaco. La especulación la perturbaba aún más. Y pese a que no podía impedir que otros cuerpos se resbalaran y sollamaran sobre sus músculos de hierro en forja medieval, tenía miedo de contraer por segunda vez gonorrea o de que su hijo naciera con algún padecimiento venéreo. Cuando lo vio acercarse con los helados, la imagen borró los supuestos e intrigas. Como el amoníaco al óxido, su figurín restregó cualquier pensamiento impropio. Por esa tarde, solo por esa tarde, no permitiría que los agüeros dañaran su paseo.

Frente a frente, al son de una canción de película infantil que refunfuñaban unas cornetas, los amantes lamían y relamían sus sorbetes. «Algún día voy a conocer Disney World. ¡Llévame!», suplicó ella. «Sí va», respondió él. Entre una y otra chupada, los besos calentaban las lenguas frías. Ella fresa y él mango. Las salivas, ella roja y él amarilla, se mezclaban como acuarela en un fino papel chino. Pierina despertó de su embeleso. Se limpió la boca y barboteó:

—Pasado mañana nos entregan los resultados de los exámenes médicos. La obstetra quiere estar segura de que el embarazo marche en completa normalidad.

Alejandro, como por una anquilosis, se paralizó. Al cabo de un minuto explotó en envalentonamientos y desafíos.

—¿Nos entregan? ¡A mí no me van a dar un carajo! —escupió su ira. Y siguió— ¿Qué es lo que pasa? Estás enferma y no me has dicho nada —berreó con ascos.

—No. Es cuestión de protocolo, me dijo la doctora. No hay nada de qué preocuparse.

Apenas escuchó su frase, un pálpito, un estremecimiento torcido, la golpeó en su interior. Calló y por primera vez presintió que la desgracia galopaba por el descampado fértil y vulnerable de su cuerpo. No se habían calentado las laringes cuando Alejandro la tomó por el brazo de un sopetón. Seguían sonando las rimas infantiles.

A fuerzas, la llevó hasta su casa. Una vez en el arco de entrada, ella lo vio perderse en el ocaso. Nunca volteó. Para ella, la idolatría como última mirada. Para él, como horizonte, una oscura y fría oquedad. Esa noche dormiría sola o más bien con la incertidumbre, que la estrecharía hasta el sofoco. Su padre, sin siquiera mediar palabra, detectó su apocamiento. Sabía que Pierina se revolvía. Por respeto, o más bien desgano, no la sondearía. «Ese es su problema», se convenció.

En la cama, ella repasaba las infidelidades de Alejandro. Las pocas que había descubierto sin muchas complicaciones. Una ringlera de mujeres desfilaba en su memoria y también en su piel. Con todas, sin proponérselo, se había manoseado, acostado, humedecido: Tatiana, la esposa y su principal rival; Maritza, hermana de

Tatiana y fogosa enfermera; Patricia y Carolina, ambas compañeras de trabajo, y, por supuesto, Virginia –que de virgen solo su nombre–. Esta última era a la que más maldecía, no solo porque fue su mejor amiga, la cómplice en sus timoratos años de inocencia, sino también porque, según Alejandro: «Nos contagió de gonorrea». Con la desfachatez que lo esculpe, confesó sin ambages el peligroso desliz: «Fue esa perra, amiga tuya». Entre las sábanas, más certera que nunca, se supo enferma. Se introdujo los dedos en su sexo, como para desbrozar la tiña y podredumbre ajenas. Exploró y arañó… Para aplacar su terror, volvió a su lectura habitual: «Es el campanero. Es el jorobado de Nuestra Señora. El tuerto, el patizambo. ¡Viva! ¡Viva! Fíjense si el pobre diablo tenía motes en donde escoger: '¡Que tengan cuidado las mujeres preñadas', gritaban los estudiantes». Cansada, rendida por el sueño, apagó la luz.

Dos días, con sus lunas incluidas, hubieron de pasar para que Pierina desechara las excusas. Alejandro se había difuminado en el claroscuro del abandono. A pesar de su indecisión, cobró fuerzas, no supo de dónde, y enfrentó su realidad: hijo sin padre. Fue hasta la casa de él, en un edificio de la avenida Las Acacias –lugar que le presentó como su residencia familiar–.

Al tocar el timbre del apartamento 2B, surgió, como de una catacumba, una vieja de cuya cabeza retoñaban cuatro mechas de pelo blanco. Parecía Medusa. Entre balbuceos e interjecciones, la señora le dijo que allí no vivían más que ella y sus cuatro gatos. Dejó la vergonzosa situación sin despedirse y echó escaleras abajo. Se contuvo de hacer un showcito. Siempre considerada con los demás, aun cuando no conociera a quien la rodeara, no doblegó su convicción de mantener la cordura ante la desdicha. Fiel a que, hasta para recibir a la muerte, había de ser educada, paró un autobús para ir hasta la clínica sin expeler siquiera un jadeo. Se sentó en uno en cuyo interior unos muchachitos comían tetas de color verde y amarillo Kool-Aid. Pierina se acordó de Alejandro, de la fresa y del mango, del carrusel donde le había jurado llevarla a Disney. Al llegar a su destino, como para despedirla, uno de los niños le manchó la camisa a la altura del ombligo. ¿Era una señal?

No supo cómo franqueó el consultorio. Adentro, la doctora la esperaba con unos papeles en las manos. No se detuvieron en saludos ni cucamonas, sin rodeos ni prórrogas le reveló que el bebé venía con malformaciones. Cuando hubo concluido el diagnóstico en caló científico, en el que aseguraba que, aunque se cuidara, la criatura nacería también con hidrocefalia, Pierina se acordó de la última página que había leído de Victor Hugo.

Agarrándose el voluminoso vientre, denudó su decisión:

–No se preocupe. Se llamará Cuasimodo.

LA ROMERÍA DE ALMENA

A JOSÉ LUIS Y TULIO

A LOS DE AYER Y LOS DE MAÑANA

... la Inquisición me parece una empresa de sanidad pública. Torquemada y Ji-
ménez eran de los más atentos al querer curar a esas personas que se refocila-
ban con complacencia en su enfermedad...
PATRICK MODIANO, *TRILOGÍA DE LA OCUPACIÓN*

A TODA HORA, la calle Almena recibe a su lujuriosa concurrencia. Este callejón de frescura y
lupanar, de baldones e indecencias, de libidos
y descaros aglomera a cientos de parroquianos.
No hay ni una sola piedra de la calzada que
no haya sido regada con rímel, saliva, lágrimas,
semen u orina. En cada recodo, los proxenetas
orean gangas, los chulos manosean entrepier-
nas, las prostitutas encienden un último cigarrillo y los travestis encorsetan sus pudendas
vergüenzas. Como testigo de esta Sodoma
moderna, el templo del Perpetuo Silencio,
en plena vía, yergue su mutismo y custodia el
deseo de quienes se amanceban sin recato frente a sus altares y vitrales. Este día, sin embargo,
es especial. Es la semana de la «Gran liturgia»,

como llaman los adeptos a esta fe que tomó prácticas del catolicismo en tiempos del Santo Oficio. Los devotos y *habitués*, como es costumbre cada año, después de largos preparativos y arreglos, celebrarán la procesión de «Los dolores». Venerarán a Mac, máxima deidad de esta extraña religión.

Es tan importante la romería que hasta gitanos, por la ocasión, abjuran de la venalidad, estafas y estraperlos para sumarse a la mística. La fiesta, al menos por unas horas, cegará el hambre por el metal. Incluso La Furcia, la casa de citas más grande y mejor surtida de la zona, ubicada en la acera opuesta al templo, en cuyo catálogo de neón fucsia y azul, en la fachada principal, descuellan nombres de chinas, tailandesas, rusas y afganas, tendió sábanas bien planchadas en sus lechos de alquiler. Sus casquivanos dueños, unos rumanos que empeñarían a sus padres por cuatro bandejas de cobre, donaron fustas, bozales y grilletes para el acto religioso.

Otros destacados vecinos también hicieron lo propio. La puta Carmela, por ejemplo, desforestó, con pinza, pelo por pelo, el tupido follaje de su famoso monte de Venus anaranjado. La puta Remedios, célebre por sus orales artes amatorias, por la blandura de su desdentada boca, fue al odontólogo para que le incrustara, en sus maceradas encías, una pesada plancha de acero. Y la puta Micaela ofreció su rubia cabellera para coser los trajes de boleros y faralaos que, en la algazara, vestiría. Como su melena era tan larga y frondosa, sus cómplices, Carmela y Remedios, también se confeccionaron sus galas.

Cae la noche y con ella el frío blande sus cuchillos. Rebulle un silencio ensordecedor. Cada cual espera en su posición. La muchedumbre amortaja sus lenguas en la intriga y se prosterna a los pies del santuario. Las velas chisporrotean y el perfume de las flores blancas se encarama sobre las brisas. Por su parte, los verdugos, en sus batas negras y tocados con unos cucuruchos del mismo color, esgrimen su rudeza en tanto los sacerdotes, sedientos de pecados acumulados, marcan filas frente al portal del Perpetuo Silencio. A las siete, hora acordada, la corneta grazna y rompe el chito.

Comienza el sangriento rito.

De este a oeste, las prostitutas ataviadas con la umbría de sus vestidos de volantes, que de cuando en cuando relampaguean rayos por los hilos dorados de «La Micaela», se arrastran por la Almena. Calzan unos borceguíes medievales color *beige*. Los botines, la mar de populares en el siglo XVI por sus abyectos usos, punición y rapapolvos impuestos a herejes e impíos en tiempos de la Inquisición, tienen como amarras unos gatos de hierro a la altura de los tobillos –que sujetan, asimismo, unas hojillas de metal–. Con cada paso que dan, las hojillas sajan y desgarran carnes. La tortura intensa, que entregan por sus lúbricas compulsiones, trepa por los encajes hasta sus sienes. Veinte mujeres más, adornadas con unos cintillos de espinas, cuyas filosas puntas excorian los cráneos, hacen las veces de lloronas. Escoltan a Carmela, Remedios y Micaela. Las tres han guardado con celo unos cofrecitos de sándalo en los que depositarán sus respectivas ofrendas. En su peregrinar, renquean, tambalean, vacilan. Por momentos, se encorvan y abrazan como para evitar que, de sus recorridos vientres, salga una alimaña. Y luego retoman el aliento y marchan.

En dirección contraria a las mujeres, los hombres –maricones, violadores, zánganos y drogadictos– embutidos en unas gruesas togas de arpillera marrón, que raspan y escuecen con el roce, llevan sobre sus hombros la pesada efigie de Mac: un hombre desnudo de cuyo pene se desprenden dos víboras. Como los trajes finalizan un poco más abajo de la cintura, se dejan ver los viriles bultos. De los testículos caen unos mecates, enganchados con unos garfios de acero que horadan escrotos, y en las puntas se balancean piedras y plomos. A la zaga de sus pasos, pintan una huella roja que, como un hermoso trazo prerrafaelista, decora el lienzo gris de las losas. «El Pocho», un pervertido fornido, asaz tunante y bribón y experto en las artes del chantaje, encabeza la caterva de sufrientes. En cada una de sus atléticas piernas se ciñó sendos cinturones de Erasmo. Los alfileres del interior enconan heridas formando decenas de llagas que, vistas con un microscopio, parecen cadenas de miniorganismos en evolución. Otros dos lo siguen: «El José» y «El Tulio». El primero se distingue entre los demás proxenetas porque vende, a la clientela pedófila de su agenda, la virginidad de los hijos de las prostitutas que también mercadea. Cuando los muchachos cumplen entre nueve y trece años, o justo después de la primera menstruación en el caso de las niñas, organiza subastas que devienen sampablera y berenjenal. El segundo, por su parte, gusta de algunas filias y fagias, con copro incluida. Ambos se apertrechan de fuetes con los que se laceran las espaldas. Los dos látigos se cimbran con el contacto de la piel y en el viento, uno al frente del otro, danzan un macabro minué.

Grazna por segunda vez la corneta y con ella se desatan las primeras notas de la banda. Tubas, cornetas, bombardinos, trompetas, fiscornos, tambores, trombones y cajas replican y redoblan fuerzas. Como en una guerra, luego de breves intersticios de tregua, para tomar aliento, cada instrumento lucha para ser escuchado dentro de esa tremolina en la que también se guipan llantos y moqueos. «La Micaela», en su peregrinar, no ha dejado de pensar en «La Verónica», su más íntima amiga. Su día había llegado. Aun cuando se remansaba en la idea de la gloria, no sabía si la extrañaría luego del espectáculo que protagonizaría.

El escenario, en cuyo centro se levanta una imagen de la Madre y a su vez esposa de Mac, esculpida en madera de ciprés de Palestina, cruje por el peso de la santa y por el de «La Bestia». Es su mascota y forma parte de la iconografía que la representa. De acuerdo a su hagiografía, la salvó del fuego luego de que un volcán escupiera su furia para barrer la barbarie e incuria de algún pueblo fundacional. «La Bestia», una escultura hueca, de hierro forjado, de un metro de alto y dos de ancho, tiene, en medio del tumulto, más de doce horas abrasándose encima de unos carbones. El Sumo Sacerdote, el que oficiará la liturgia, el mismo que de cuando en cuando atiza las brasas para mantener viva la pira, sin que su ánimo languidezca, espera a la feligresía.

Los peregrinos avanzan y con ellos su murmullar –que se diluye en los últimos bramidos graves de los fiscornos–. Mujeres y hombres al fin se encuentran frente a la tarima. Depositan la estatua. Cara contra cara, pecho contra pecho, se desafían como en la cama. La banda se apaga y los grupos se aparean. Se juntan. El ansiado sacrificio rebaña como un pastor a sus ovejas. El Sumo Sacerdote va señalando a los penitentes de alta jerarquía de este año. De entre la masa viviente, sudorosa y pululante, surgen Remedios, Carmela, Micaela y, por supuesto, «La Verónica», quien se mantuvo escondida en una de las celdas del Perpetuo Silencio durante el desfile.

En representación masculina emergen «El Pocho», José y Tulio, seguidos por otros tres personajes sombríos que cubren sus rostros en una tela morada con dos agujeros a la altura de los ojos. Se despojan de sus arpilleras. Los tres encapuchados, desnudos, ante todos, se tumban al piso boca arriba y elevan las piernas, que sostienen con los antebrazos. Bien abiertos, con el umbral de sus entrañas expuesto, invitan a «El Pocho», José y Tulio a cumplir con sus deberes de inquisidores. Sujetan unas extrañas peras de metal. Sin mayores demoras, introducen, sincronizados, los instrumentos en los cuerpos desflorados de los exvotos. Hacen girar unos dispositivos mecánicos que expanden y clavan filosas púas. Los gritos de los tres hombres arrancan no solo un primer suspiro, sino que también caldean el frenesí de quienes, atentos, aprecian cómo los hilos de sangre corren por entre las nalgas de los perforados.

Toma el micrófono el Sumo Sacerdote. Su voz impostada truena por la potencia de los amplificadores.

—En el nombre del Padre Mac, démosle la bienvenida al Dios redentor... Queridos hermanos, dueños de infamias y vilezas, lo mismo que desgraciados, matones, bandoleros, felones y ladrones, miembros destacados de esta parroquia, nos congregamos en esta fecha frente al Perpetuo Silencio para purgar las almas de nuestros impíos cuerpos. ¡Ha llegado el momento de honrar a nuestro Creador!

Se detiene para dejar estallar la vocinglería. Retoma el punto y aparte.

—Desde nuestro último encuentro muchas barbaridades hemos cometido. Estos tres elegidos, por ejemplo, frente a ustedes, desangrándose, traficaron drogas y armas en colegios y universidades. Pero levantaron sus ánimos para librarse con sufrimiento de sus deshonras.

Se aparta el micrófono de los labios y manda a introducir tres carbones para acelerar el hecho expiatorio. La orden se escucha como un susurro oscuro. Al instante, «Pocho», José y Tulio toman, con unas pinzas largas, la materia ardiente. Con escrúpulos, cumplen la labor. Los tres hombres, luego de los desgarrados aullidos, entran en trance y desfallecen. Un hilo frío hace tragar grueso a la audiencia. Luego de una pausa, vitorea con más violencia.

—En la última década he cumplido a cabalidad el mandato del Santísimo: impulsarlos a cometer terribles males. Una y otra vez los he animado al contradiós: robar, matar y humillar, entre otros, a sus semejantes. Les he inculcado que mientras más hondos sean sus crímenes tanto más profundas serán las ganas de alcanzar la virtud. Solo así nuestro único y coronado rey exhalará sobre ustedes su aliento eterno.

Contiene su exégesis para que Micaela, Remedios, Carmela y «La Verónica» irrumpan en la escena y se preparen para sus respectivos holocaustos. En tanto se desembarazan de sus vestidos, el orador vuelve con solmene locuacidad.

—Ya saben cómo alcanzar sus gracias: a través del dolor. Después de sus insidias y delitos entreguen sus cuerpos al dolor. Desuéllenlos y quémenlos. Rieguen con sangre la tierra que los parió. Que los vio crecer en sus senderos. La sangre los purifica y salva. La sangre los lava y se lava con más sangre. Es origen y fin. Reúne vida y expiración. No teman al dolor. Puesto que, si la sangre es belleza y fealdad, unión y separación, el dolor es el vehículo para abrazarlos.

Los asistentes siguen con atención cada una de las glosas. Nadie se atreve a resollar para no romper el aguardo. Se mantienen quietecitos y obedientes. Micaela, Remedios y Carmela dan un paso al frente con los cofrecitos en las manos. Se acuclillan, como si fueran a abortar su mala estirpe, abren las cajas y sacan unas navajas que, en lontananza, parecen tres estrellas de plata. Con la izquierda jurungan entre los pliegues de sus sexos y con la derecha arrancan, de un solo tajo, sus clítoris. La ablación pública hace dislocar quijadas. Más de uno lleva las manos a la boca, como para atrapar el gimo. El Sumo Sacerdote saca al público del asombro.

—¡Aleluya! Oremos para darles fuerzas a estas puras mujeres y a «La Verónica», quien, entre otros horrores, a manera de preparación en los últimos meses, ahogó en aguas hirvientes a dos de sus hijos menores. Aupémoslas, que, después de sus tormentos, se ungirán en bendiciones.

El cielo, luego de más de tres horas de ceremonia, encapotaba su borrasca. «La Verónica» sortea los quejumbrosos suplicios de sus amigas castradas. Frente a la multitud titubea. No había vacilado hasta ese momento. Las piernas no podían sostener su voluntad. Cae de hinojos y su pelo claro se moja con serosidades derramadas. Se incorpora y escarba entre los cientos de ojos que la sondean. El Sumo Sacerdote hace señas a dos de los verdugos con cucuruchos. La agarran por los sobacos y abren con unos alicates la puerta que enseña la oquedad ardiente de «La Bestia». «La Verónica» embrida su valentía. Sin voltearse, ingresa en el tenebroso animal. No había cerrado la portezuela cuando regurgita un arcano lamento. Retumba. Del hocico se esparce una humareda que huele a quemazón, piel y grasa derretida. Los espectadores, con cada auxilio, con cada súplica de ayuda, se excitan más y más. Aplauden. El orador se infectó de la vehemencia. Recita y recita palabras que, por la bullanguería, son inaudibles. Al fin, cae el aguacero y con él la gente se descomprime. Los caudales la barren. Cada quien toma sus personales rumbos hasta dejar la tarima desierta.

A la jornada siguiente, las luces de neón fucsias y azules de La Furcia se encendían. En medio del rumor sordo de la calle, el catálogo de chinas, tailandesas, rusas y afganas titilaba en la piel de hierro aún caliente de «La Bestia». Las andanzas de la Almena volvían a su normalidad.

www.ingramcontent.com/pod-product-compliance
Lightning Source LLC
Chambersburg PA
CBHW051843170626
46807CB00003B/1316